Brahms in der Meininger Tradition

Neu herausgegeben von Michael Schwalb

Studien und Materialien
zur Musikwissenschaft

Band 72

Brahms in der Meininger Tradition

Neu herausgegeben von Michael Schwalb

Georg Olms Verlag
Hildesheim · Zürich · New York
2018

Brahms in der Meininger Tradition

Seine Sinfonien und Haydn-Variationen
in der Bezeichnung von Fritz Steinbach

Herausgegeben von Walter Blume

Neuausgabe mit absoluten Taktzahlen und
einem Vorwort von Michael Schwalb

Geleitwort von Wolfgang Sandberger

Georg Olms Verlag
Hildesheim · Zürich · New York
2018

Mit freundlicher Unterstützung durch das

Bibliografische Information der Deutschen Nationalbibliothek

Die Deutsche Nationalbibliothek verzeichnet diese Publikation in der Deutschen Nationalbibliografie; detaillierte bibliografische Daten sind im Internet über *http://dnb.dnb.de* abrufbar.

Neuausgabe nach der als Manuskript gedruckten Ausgabe Stuttgart [1933]
3. Auflage 2018
2. Auflage 2014

www.olms.de
Printed in Germany
Gedruckt auf säurefreiem und alterungsbeständigem Papier
Einbandgestaltung: Barbara Gutjahr, Hamburg
Satz: Vollnhals Fotosatz, Neustadt a. d. Donau
Druck: KN Digital Print force GmbH, Ferdinand-Jühlke-Straße, 99095 Erfurt
ISBN 978-3-487-31183-8
ISSN 0176-0033

Zum Geleit

Das symphonische Werk von Johannes Brahms ist für jeden Dirigenten eine enorme Herausforderung. Die Details des Notentextes, die Wahl der Instrumente, die Größe, Zusammenstellung und Aufstellung der Instrumentengruppen, die Spielweise, das Tempo: Alle diese Aspekte werfen Fragen auf, die gerade angesichts der Subtilität und Vieldeutigkeit dieser Musik nicht leicht zu beantworten sind. Interpreten haben jedoch Entscheidungen zu treffen. Schon die Urteile von Brahms über zeitgenössische Dirigenten sind freilich ambivalent, wenn es um seine eigenen Werke ging:

„immer auf den Effekt berechnet" (Hans von Bülow), „recht mies" (Hans Richter), „lebendig" (Hermann Levi) oder „außerordentlich einfühlsam und akademisch" (Otto Dessoff)

so lauten einzelne Urteile. Nachhaltige Wertschätzung genoss Fritz Steinbach („schwungvoll und elegant"), der als Leiter der Meininger Hofkapelle Brahms' Vorstellungen von Flexibilität und Expressivität sehr nahe gekommen sein dürfte.

Angesichts dieser Ausnahmestellung Steinbachs kommt den vorliegenden Aufzeichnungen, die Steinbachs Schüler Walter Blume erstmals 1933 zum 100. Geburtstag von Brahms im Typoskript veröffentlichte, besondere Bedeutung zu. Viel ist in dieser faszinierenden Schrift von Tempo-Modifikationen, Artikulationen und Phrasierungen die Rede. Der renommierte Münchner Kritiker Alexander Berrsche nannte die Interpretationen von Steinbach – im normativen, zeitlosen Sinne – „klassisch". „Klassisch" sind seine Details der Aufführungspraxis freilich auch in einem historischen Sinne, da wir sie heute eher mit dem klassischen Stil eines Haydn, Mozart und Beethoven in Verbindung bringen, Details, die dann immer stärker dem gleichförmigen Legato bzw. dem „endlosen Melos" (Richard Wagner) untergeordnet worden sind.

Walter Blumes Schrift wurde in der Fachliteratur zwar immer wieder zitiert, zugänglich aber war sie bislang nur in wenigen Archiven, ja in Musikerkreisen wurde sie fast wie eine Art „Geheimschrift" gehandelt. Immer wieder wurde sie in unserer Bibliothek nachgefragt, gerade in den letzten Jahren haben Dirigenten, die sich für die historisch informierte Aufführungspraxis interessieren, sie im Brahms-Institut studiert. Es ist ein Glücksfall, dass Michael Schwalb nunmehr die Neuauflage mit so großem Engagement betrieben hat. Die Veröffentlichung schließt nicht nur Lücken in Fachbibliotheken. Angesichts der plastischen Formulierungen und zahlreichen Notenbeispiele sind Blumes Aufzeichnungen eine wertvolle Anregung für jeden, der einen Zugang zur Musik von

Brahms sucht. Daher hat der Förderverein des Brahms-Instituts Lübeck mit seinem Vorsitzenden Heiko Hoffmann die vorliegende Publikation sehr gerne und aus Überzeugung unterstützt. Viele Leser sind dem Band zu wünschen.

Prof. Dr. Wolfgang Sandberger
Leiter des Brahms-Instituts an der Musikhochschule Lübeck

Vorwort des Herausgebers

In meiner Beschäftigung mit der Musikgeschichte Meiningens und insbesondere mit den Beziehungen, die Johannes Brahms mit diesem thüringischen Kulturbiotop verbanden, stieß ich in den Fußnotenverweisen der wissenschaftlichen Literatur immer wieder auf ein Typoskript von 1933, das von Brahms, der Meininger Hofkapelle und dem Hofkapellmeister Fritz Steinbach handelt. Es gelang mir, im Antiquariatshandel ein Exemplar dieser Schrift zu erwerben, deren Lektüre mich im höchsten Grad faszinierte. Minutiös und plastisch ist hier von Walter Blume, einem Schüler Steinbachs, beschrieben, wie Brahms' Symphonien in Meiningen und unter Steinbachs Leitung geklungen haben. Für mich öffnete sich mit einem Mal ein Zeitfenster, das einen faszinierenden Blick in die Klangwelt um 1900 und sogar in Brahms' Komponistenwerkstatt ermöglichte. Beim Lesen überkam mich das Gefühl, als säße ich allein im abgedunkelten Zuschauerraum des Meininger Hoftheaters und könne an der Probe zu einer Brahms-Symphonie teilnehmen.

In den letzten Jahren sind diese Aufzeichnungen aus dem Dornröschenschlaf ihrer Fußnotenexistenz erwacht; in der deutschen Musikwissenschaft wird das Buch immer wieder erwähnt, und amerikanische Professoren haben in Teilübersetzungen und Aufsätzen darauf aufmerksam gemacht.[1] An der Wiener Musikuniversität durfte ich 2005 ein Seminar über Fritz Steinbachs Partituranmerkungen abhalten in der Dirigierklasse von Prof. Uroš Lajovic, aus der mit Kirill Petrenko und Alan Buribayev gleich zwei Meininger Generalmusikdirektoren hervorgegangen sind. Die klangliche Umsetzung von Steinbachs musikalischen Prinzipien hat der 2010 verstorbene Charles Mackerras in einer Gesamtaufnahme der Symphonien historisch nachgestellt.[2] Auch die Meininger Hofkapelle (diesen Traditionsnamen hat das Orchester 2006 wieder angenommen) hat unter Alan Buribayev im Konzert nachgewiesen, dass eine Rekonstruktion der historischen Prinzipien keineswegs zu musealer Sterilität führen muss, sondern eine für Musiker wie Zuhörer faszinierende Vitalitätsprüfung darstellt.

Daher ist es 2013, genau 80 Jahre nach der Erstveröffentlichung und zum 180. Geburtstag von Johannes Brahms, dringend an der Zeit, diese Schrift einem weiten musika-

1 Walter Frisch, Brahms in the Meiningen Tradition, und: In search of Brahms's First Symphony: Steinbach, the Meiningen tradition, and the recordings of Hermann Abendroth, in: Performing Brahms. Early Evidence of Performance Style, Ed. Michael Musgrave and Bernard D. Sherman, Cambridge University Press 2003, S. 244 und S. 277.

2 Johannes Brahms, The Four Symphonies in the Style of the Original Meiningen Performances (+ Haydn-Variationen und Akademische Festouverture), Scottish Chamber Orchestra, Ltg.: Sir Charles Mackerras, 3 CDs, Telarc CD-80450.

lischen Publikum wieder zugänglich zu machen. Dabei waren meine Lektorin Dr. Doris Wendt und ich uns sogleich einig, dass die einzig angemessene Publikationsform nur eine Wiedergabe des originalen Schriftbildes mit den handschriftlich eingetragenen Notenbeispielen in Form eines Nachdrucks sein könne. Eine Hürde gab es jedoch zu überwinden: Zahlreiche der im Typoskript festgehaltenen Anmerkungen sind zwar durch handschriftliche Notenskizzen erläutert, aber die meisten Angaben sind heute nicht ohne Weiteres zu dechiffrieren, denn sie beziehen sich auf eine alte, nicht mehr erhältliche Ausgabe der Eulenburg-Taschenpartituren, und zwar mit Studierbuchstaben, Seitenzahlen und Systemangabe. Die heute gebräuchlichen Eulenburg-Taschenpartituren sind erst nach Steinbachs Tod und im Zusammenhang mit der ersten Brahms-Gesamtausgabe Mitte der 1920er Jahre erschienen und grundlegend neu gesetzt. Um Steinbachs – respektive Blumes – Angaben vollständig und sinnvoll nutzbar zu machen, haben wir uns zu einer Ergänzung durch Marginalspalten entschlossen, in denen ich die Konkordanz mit den absoluten Taktzahlen hergestellt habe.

Dass für Johannes Brahms das Herzogtum Sachsen-Meiningen mit seinem Regenten *Georg II.* eine bedeutende Rolle spielte, ist hinlänglich bekannt. In welchem Maße sich aber die kleine thüringischen Residenz an der Wende zum 20. Jahrhundert zu einem Hort musikalischer Aktualität und Internationalität entwickelte, dass der dort mit der Meininger Hofkapelle erarbeitete technische und interpretatorische Standard bis heute Nährboden und Grundlage des modernen Orchesterwesens bildet, dem lässt sich anhand der hier vorliegenden Notate nachspüren. Der für Meiningen unglaubliche Glücksfall lag in der visionären Kraft von Herzog Georg II., der, als absolute Ausnahmeerscheinung eines aufgeklärten, der künstlerischen Avantgarde zugewandten Souveräns, die landschaftlich reizvoll gelegene Residenz während seiner langen Regierungszeit von 1866 bis 1914 umfassend prägte. Als „Theaterherzog" hatte Georg zunächst ab den 1870er Jahren das Meininger Schauspiel zu Weltruhm geführt. Ab 1880 wandte er seinen Ehrgeiz der Hofkapelle zu, die er – wie auch das Schauspiel – allein aus seiner Privatschatulle finanzierte. Über seine Ehefrau, die eine Klavierschülerin *Hans von Bülows* gewesen war, entstand der Kontakt zu dem Dirigenten. Bülow fand in Meiningen von 1880 bis 1885 seine künstlerische Heimat und entwickelte dort eine Orchesterarbeit, die in dem Streben nach absoluter Werktreue der Schauspielreform des Herzogs entsprach: „‚In der Kunst gibt es keine Bagatellen', ist meine Maxime."[3] Bülow, der Prototyp des modernen Dirigenten, stellte in seinen „Meininger Prinzipien" erstmals Grundsätze auf, welche die musikalische Arbeitswelt und den bis dato eher nonchalanten Umgang der Orchester mit den Partituren revolutionierten sollten. Bülow schuf in seiner Orchesterwerkstatt eine musikalische Heimat für *Johannes Brahms*, indem er ihm anbot, seine Kompositionen vor einer öffentlichen Darbietung ungestört mit der Hofkapelle auszuprobieren. Erstmals im

---

3 Hans von Bülow, Briefe, VI. Band, Leipzig 1907, S. 36.

Oktober 1881 kam Brahms in die Meininger Residenz, um vor der Budapester Uraufführung letzte Hand an sein B-Dur-Klavierkonzert zu legen. Dabei begann zwischen dem Regentenpaar und dem Komponisten eine enge Freundschaft, die auch über Bülows Vertragsende hinaus andauerte; klingende Verehrung des Herzogs wurde bereits 1882 Brahms' Widmung seines *Gesang der Parzen* op. 89. Bei seinen häufigen Aufenthalten in Meiningen wirkte Brahms oft bei Konzerten und Gastspielreisen der Kapelle mit, sei es als Pianist, sei es als Dirigent eigener Werke. Diese Verbindung verlieh der Hofkapelle das Renommée des authentischen Brahms-Orchesters und gab dem Komponisten wiederum die Möglichkeit, seine Werke bekannt zu machen. Höhepunkt der Brahms-Pflege war die Uraufführung der IV. Symphonie in Meiningen am 25. Oktober 1885.

Aber auch nach der kurz darauf erfolgten Demission Bülows setzte Brahms seine Komponierwerkstatt in Meiningen fort: Als Brahms 1890 eigentlich beschlossen hatte, mit dem G-Dur-Streichquintett op. 111 sein Schaffen abzuschließen und nicht mehr zu komponieren, da war es die Begeisterung über die Kunst des Meininger Soloklarinettisten Richard Mühlfeld, die Brahms noch zur Serie seiner späten Klarinettenwerke inspirierte. So entstanden das Trio op. 114, das Quintett op. 115 sowie, beinahe als Schwanengesang, die beiden Sonaten op.120.[4] Alle vier Kompositionen führten ihn zu ersten Aufführungen im Residenzschloss wieder nach Meiningen, und der schmale, aber umso beredtere Briefwechsel zwischen Brahms, Herzog Georg und seiner Ehefrau zeugt von dem innig vertrauten Verhältnis bis zu Brahms' Tod 1897.

Nach Bülows Demission im Dezember 1885 waren verschiedene mögliche Nachfolger ins Spiel gekommen: Fritz Steinbach, Engelbert Humperdinck, Felix von Weingartner und Gustav Mahler waren darunter, und es ist eine spannende Spekulation kontrafaktischer Geschichtsschreibung, ob Mahler anders komponiert hätte, wäre ab 1886 das Meininger Orchesterlaboratorium zu seiner Verfügung gewesen! Zunächst übernahm für einige Monate der junge Richard Strauss die Leitung, der sich aber rasch mit dem Herzog wegen überzogener Forderungen überwarf. So war es *Fritz Steinbach* (1855–1916), der – auf Johannes Brahms' Empfehlung, er sei „ein feiner Musiker"[5] – im Jahre 1886 der eigentliche Erbe Bülows bei der Meininger Hofkapelle wurde. Fritz Steinbach war bei Amtsantritt 31 Jahre alt und 2. Kapellmeister in Mainz. Studiert hatte er in Leipzig und Wien, den beiden seinerzeit führenden Ausbildungsstätten, und

---

4 Zum Spätwerk siehe: Spätphase(n)? – Johannes Brahms' Werke der 1880er und 1890er Jahre (Internationales musikwissenschaftliches Symposium Meiningen 2008), Wolfgang Sandberger, Maren Goltz, Christiane Wiesenfeldt (Hg.), München 2010.
Zu Mühlfeld: Maren Goltz und Herta Müller, Der Brahms-Klarinettist Richard Mühlfeld / Richard Mühlfeld, Brahms' Clarinettist, Artivo music publishing (deutsch und englisch), Balve 2007.

5 Johannes Brahms im Briefwechsel mit Herzog Georg II. von Sachsen-Meiningen und Helene Freifrau von Heldburg, Briefwechsel Band XVII, Hg. Herta Müller und Renate Hofmann, Schneider Tutzing 1991, S. 71.

seinen dirigentischen Schliff in Karlsruhe bei Otto Dessoff erhalten; Steinbach kam also aus dem engsten Brahms-Freundeskreis, denn in Karlsruhe hatte 1876 unter Dessoff die Uraufführung von Brahms' Schmerzenskind, der I. Symphonie, stattgefunden.

Während Steinbachs Amtszeit (1886–1903) blieb das Œuvre von Johannes Brahms ein Fixpunkt im Repertoire der Hofkapelle; Steinbach war sogar, wie die Rezeptionsforschung belegen konnte, im 19. Jahrhundert Spitzenreiter bei der Leitung von Brahms-Werken.[6] Außerdem organisierte Steinbach mehrfach Brahms gewidmete Musikfeste, und 1899 wurde im Englischen Garten zu Meiningen das von Adolf von Hildebrand geschaffene erste Brahms-Denkmal in Deutschland eingeweiht, für dessen Finanzierung sich Steinbach mit allen Kräften engagiert hatte. Steinbach führte sein Orchester auch zu internationalem Ruhm, denn die Meininger Hofkapelle war das erste Orchester des Kontinents, das in London gastierte. Dabei standen bei fünf Konzerten im November 1902 ausschließlich Werke von Johannes Brahms auf dem Programm, unter anderem alle Symphonien. In der Kritik schrieb The Daily News: „Der Wert der Aufführungen besteht darin, dass sie uns einen neuen, und ich denke den wahren Brahms offenbart haben."[7] Weil Steinbachs Tatendrang und Enthusiasmus von dem mittlerweile über 70jährigen Herzog nicht mehr in gleichem Maße geteilt wurden, war der Dirigent auf Dauer in Meiningen nicht zu halten. Als in Köln die Leitung des Konservatoriums und des Gürzenich-Orchesters vakant wurde, konnte Steinbach bei aller Treue und Ergebenheit seinem Herzog gegenüber nicht widerstehen und kündigte zum 1. März 1903. Steinbach beendete seine Tätigkeit in Köln 1914 und wollte sich dann in Wien niederlassen. Der Ausbruch des 1. Weltkriegs veranlasste ihn jedoch, nach Deutschland zurückzukehren. Im idyllischen Münchner Stadtteil Nymphenburg waren ihm noch gerade zwei durch Krankheit beeinträchtiget Lebensjahre vergönnt.

Einer von Steinbachs bekanntesten Kölner Schülern war der Dirigent *Fritz Busch*, der in seinen Lebenserinnerungen über seine Studienzeit schreibt: „Direktor des Konservatoriums war Fritz Steinbach; mit ihm war ein Mann an die Spitze der berühmten Anstalt getreten, der sich hauptsächlich durch seine Reisen mit der Meininger Hofkapelle, als Nachfolger Hans von Bülows, einen hohen Ruf als Dirigent erworben hatte. Seine Spezialität, wenn man so sagen will, war Brahms. Doch war er ein keineswegs einseitiger Musiker. [...] Es mag genügen, dass Brahms oft sagte, er könne sich keinen besseren Interpreten seiner Sinfonien denken, und dass Toscanini mir immer wieder erzählte, niemals habe er Schöneres als gewisse Aufführungen Steinbachs gehört."[8] Auch

---

6 Christiane Wiesenfeld, „Sie und ich wollen Brahms dienen ...“; Max Reger, Fritz Steinbach und die Retuschen in Brahms-Sinfonien, in: Die Tonkunst, Heft 1 Jg. 1, Januar 2007, S. 22.

7 Herta Müller, Die ‚Musikalischen' Meininger auf Reisen, in: Die Meininger kommen! Hofkapelle und Hoftheater zwischen 1874 und 1914 unterwegs in Deutschland und Europa, Meiningen 1999, S. 60.

8 Fritz Busch, Aus dem Leben eines Musikers, Frankfurt a.M. 1982, S. 47.

der englische Dirigent Adrian Boult, der Steinbach zu Anfang des Jahrhunderts in London erlebt hatte, sagte noch 1973, Steinbach sei der großartigste Brahms-Interpret gewesen, den er in seinem Leben gehört habe.[9]

Gänzlich unbekannt in der Musikwelt ist allerdings *Walter Blume*, der Herausgeber des Typoskripts von 1933. Über sich selbst schreibt er im Vorwort: „Ich erhielt diese Bezeichnungen dadurch, dass ich als schon nicht mehr junger Kapellmeister im Jahre 1914/15 in persönliche Beziehung zu Steinbach trat und sein Schüler wurde. Er hatte sich nach München zurückgezogen und dirigierte öfters gastweise im dortigen Konzertverein, allwo ich ebenfalls als Dirigent tätig war." Jedoch gibt kein älteres Musiklexikon, keine Musikgeschichte Münchens über Walter Blume Auskunft.

Im Antiquariatshandel stieß ich auf einen anthroposophischen Vortrag Walter Blumes, der mich in der Umgebung von Rudolf Steiner, dem Begründer der Anthroposophie, weitersuchen ließ; und tatsächlich verzeichnet das sogenannte *Nachrichtenblatt* der Anthroposophischen Gesellschaft, die Beilage zur Wochenschrift *Das Goetheanum*, mehrere Zeugnisse von Blumes musikalischem Wirken in anthroposophischem Rahmen – und 1933 auch zwei Nachrufe. Der erste (Heft 28, S. 111) berichtet, dass Walter Blume am Abend des 24. Juni 1933 im Alter von 50 Jahren in Köln gestorben ist; es wird eine Kapellmeistertätigkeit in Koblenz erwähnt, und er wird als Schüler von Felix Mottl, Arthur Nikisch und Fritz Steinbach bezeichnet.

Der zweite, sehr persönlich gehaltene Nachruf (Heft 30, S. 118) schildert Blumes Herkunft aus einer badischen Arzt- und Offiziersfamilie; musikalisch stamme Blume aus der Münchner Schule von Mottl und Ludwig Thuille und sei nach Kapellmeistertätigkeit in Kolmar [sic!], Koblenz und München zuletzt Leiter des „Württembergischen Tonkünstler-Orchesters" in Stuttgart gewesen. Auf der Heimreise vom Tonkünstlerfest in Dortmund sei Blume bei Freunden gestorben. – Der Verfasser dieses Nachrufs zitiert aber auch einen Brief, den Blume ihm am 28. Februar 1933 schrieb: „Nun denken Sie, was ich gemacht habe! Die Brahms-Sinfonien bearbeitet, wie Weingartner in seinen Ratschlägen für die Aufführung Beethovenscher Sinfonien und zwar auf Grund der Steinbachschen Partitur. Einzeichnungen, die ich zum Teil handschriftlich von ihm besitze. Leider habe ich noch keinen Verlag dafür und werde wohl auch keinen finden. Schade!" Der Nachruf geht dann aber auf das Erscheinen von *Brahms in der Meininger Tradition* ein, eine folglich innerhalb weniger Monate realisierte Publikation, die Walter Blume also noch erleben durfte.

Steinbachs Kommentare sind Lese- und Darstellungshilfen eines Brahms-Dirigenten der ersten Generation, denn für ihn und seine Zeitgenossen war Brahms tatsächlich noch neue, ungewohnte und sperrige Musik, die nur im vergänglichen Konzerteindruck

9 Adrian Boult, My own trumpet, London 1973, S. 181.

verbreitet und nicht überall verfügbar war. Die Partituranmerkungen vermitteln eine Ahnung von der Darstellung der Symphonien in der Zeit ihrer Uraufführung, als von Dirigenten aus Brahms' persönlichem Umfeld noch keine Tonaufzeichnungen möglich waren. Den heutigen, an eine ausgewogen geglättete Brahms-Darstellung gewohnten Leser wird die agogische und dynamische Freiheit erstaunen, auf die Blume als wesentliche Gestaltungsmerkmale Steinbachs immer wieder zu sprechen kommt. Alle diese (Über-)Betonungen dienen der Herausarbeitung der Werkstruktur und berücksichtigen nicht nur die ästhetischen, sondern auch die musikalischen Gegebenheiten ihrer Zeit, beispielsweise die andere Spieltechnik der Instrumente: Streicher spielten auf Darmsaiten und benutzten wenig Vibrato; zudem nahmen sie mehr Noten „unter einen Bogen" als heute, d.h. sie spielten mit mehr Legato und weniger Bogenwechseln, was die Artikulation verschleierte. Die Blasinstrumente waren von weniger voluminös-klangvoller Bauart, und bei den Hörnern verläuft die nachgerade ideologische Auseinandersetzung zwischen den alten Wiener F-Hörnern und den modernen B/F-Ventilhörnern genau auf der Zeitachse von Steinbachs Meininger Amtszeit, wobei Brahms eindeutig den Wiener Klang der ventillosen Hörner bevorzugte, bei denen die Chromatik durch Stopfen erfolgte. Weiterhin waren Musiker wie Zuhörer an kleinere Konzertsäle gewöhnt, in denen eine geringere Orchesterbesetzung genügte. Heutzutage indessen muss angesichts eines wesentlich voluminöseren Orchesters ein Kriterium wie klangliche Transparenz und Durchhörbarkeit der Partitur im Vordergrund stehen, um die kammermusikalischen Feinheiten einer Brahms-Symphonie zur Wirkung zu bringen.

Zu Fritz Steinbachs musikalische Eigenheiten heißt es in einer Kritik eines Konzerts im Meininger Brahms-Musikfest 1895: „Besonders in der überaus geistvoll ausgeübten Fähigkeit, das Zeitmaß elastisch zu handhaben, in der Art und Weise, den Flexionen des Ausdrucks die starre Unbeugsamkeit des Tempos zu opfern, zeigt sich Steinbach als modern empfindender Musiker von weitem geistigen Horizont."[10] Und in geradezu literarischer Qualität hält der Musikkritiker Alexander Berrsche die dirigentische Darstellungsweise Fritz Steinbachs fest. Berrsche war Schüler von Max Reger und hatte Steinbach oft in München erlebt. Signifikant ist auch für Berrsche der von Blume beschriebene Tempowechsel, das Vorangehen und Zurückhalten, wie es für Steinbach charakteristisch war: „Jeder Musikalische weiß, wie unter dem Zeichen [...] Steinbachs musiziert wird. Das ist ein Herausarbeiten der großen Linie ohne Vernachlässigung der unscheinbarsten Einzelheit, das ist eine liebevolle Kultivierung des Details, ohne dass auch nur einen Moment der Zusammenhang mit dem Ganzen verlorengeht. Da konnte man wieder einmal sehen, was Phrasierung heißt, wo und wie man Bindungen und Cäsuren anbringt, wie man die verschiedenen Instrumental-

10 W. B., Meininger Tageblatt v. 6.10.1895, zitiert nach Herta Müller, Fritz Steinbach's Wirken für Johannes Brahms von 1886 – 1903, in: Südthüringer Forschungen, Beiträge zur Kunst- und Kulturgeschichte, Heft 30/1999, S. 102.

gruppen gegeneinander ausspielt und abtönt, wie man große Steigerungen anlegt und wie man eine Melodie durch dynamische und agogische Feinheiten bis zu deklamatorischer Plastik herausarbeitet."[11]

Einem weiteren Beispiel aus Berrsches Feder soll die entsprechende Passage aus Blumes Typoskript vorangestellt sein. Beschrieben wird das große Solo von Oboe und Klarinette über den Streicher-Synkopen im Andante sostenuto der I. Symphonie, und wie selbstverständlich spricht Blume hier von einem Rubato: „Das II. Thema B [Takt 39] trägt die Oboe quasi legato vor. [...] Die Streicher begleiten gut rhythmisch, aber dolce, und nehmen jeweils 2 Noten auf einen Strich. [...] Die rubato-Takte der Klarinette werden so ausgeführt, daß man etwas eilt aufs erste und zweite Viertel und im 3. Viertel zurückhält auf dem tenuto-Zeichen." (S. 22 f.) – Als Gegenprobe liest sich bei Berrsche die Beschreibung dieser Stelle im musikalischen Vollzug folgendermaßen: „Steinbach pflegte schon bei Buchstabe A ganz unmerklich fließender zu werden und von Buchstabe B ab die Verfinsterung der Stimmung nur dynamisch und agogisch auszudrücken. Wie er die Episode der Oboe schwärmerisch, die Figuren der Klarinette mit einer erregten Agogik – wie das verängstigte Flattern eines Vogels – vortragen ließ, dann nach dem Aufatmen der nächsten vier Takte den Ausdruck bis zu wilder Entschlossenheit steigerte, das wird jedem Musiker, der es miterlebt hat, unvergeßlich bleiben. (Ich bin dabei kein Anbeter von Autoritäten. Ich sage nicht: das ist richtig, weil es Steinbach so gemacht hat, sondern: Steinbach hat es so gemacht, weil es richtig ist.)"[12]

Die Rekonstruktion von Fritz Steinbachs Brahms-Tradition ist mehr als die archivarische Bewahrung zeitgenössischer Aufführungspraxis: Die Notate sind geradezu eine Authentifizierung von Brahms' musikalischer Vorstellung aus dessen direkter künstlerischer Umgebung. Dies ist umso bedeutsamer, als Brahms selbst jeden neugierigen Blick in seine kompositorische Werkstatt verweigert und sich und sein Werk einem musikpraktischen Zugang absichtsvoll verschlossen hat. Brahms hat kaum Skizzen hinterlassen, denn alle dem eigenen skrupulösen Anspruch nicht genügenden Kompositionen und Vorstudien hat er konsequent verbrannt. Desgleichen wollte er sich ungern auf Vortragsbezeichnungen festlegen, die er als vorläufig und wenig verbindlich empfand; bei den wenigen Werken, die Brahms mit Metronomangaben versehen hat, versuchte er später, diese zu widerrufen und womöglich zu tilgen. Und da Brahms aller romantischen Inspiration misstraute und nicht an ingeniöse Eingebung glaubte, sondern für ihn allein die handwerkliche Verarbeitung und die damit einhergehende Aneignung eines Einfalls zählte, kennen wir zudem kaum ernstzunehmende Äußerungen über das eigene Komponieren.

---

11 Alexander Berrsche, Das erste deutsche Brahms-Fest in München (1909), in: Trösterin Musica, München 1942, S. 281.

12 Alexander Berrsche, a.a.O., S. 283.

Umso bedeutsamer sind Brahms' musikalische Anmerkungen über seine IV., die in Meiningen uraufgeführte Symphonie, für den Freund Joseph Joachim. Brahms hatte diese Uraufführung am 25. Oktober 1885 selbst dirigiert und auch bei der unmittelbar anschließenden Tournée oft für die IV. Symphonie zum Taktstock gegriffen, während Hans von Bülow den Rest des Programms leitete. An Joseph Joachim, der die neue Symphonie am 1. Februar 1886 in Berlin als Erstaufführung dirigierte, schrieb Brahms im Vorfeld einen langen Brief, der vor dem Hintergrund der Erfahrungen auf der ausgedehnten Meininger Tournée zu lesen ist: „Ich habe einige Modifikationen des Tempos mit Bleistift in die Partitur eingetragen. Sie mögen für eine erste Aufführung nützlich, ja nötig sein. Leider kommen sie dadurch oft (bei mir und anderen) auch in den Druck – wo sie meist nicht hingehören. Derlei Übertreibungen sind eben nur nötig, so lange ein Werk dem Orchester (oder Virtuosen) fremd ist. Ich kann mir in dem Fall oft nicht genug tun mit Treiben und Halten, damit ungefähr der leidenschaftliche oder ruhige Ausdruck herauskommt, den ich will. Ist das Werk einmal in Fleisch und Blut übergegangen, so darf davon, nach meiner Meinung, keine Rede sein, und je weiter man davon abgeht, je unkünstlerischer finde ich den Vortrag. Ich erfahre oft genug bei meinen älteren Sachen, wie ganz ohne weiteres sich alles macht und wie überflüssig manche Bezeichnung obengedachter Art ist!"[13]

Die in diesem Brief aufgeworfene Frage des Verdeutlichens durch Überbetonung entspricht als Gegenstück den Partituranmerkungen Steinbachs und wirkt wie deren Autorisierung durch Brahms selbst. Genau hier verläuft der schmale Grat zwischen historischer Authentizität und vitaler Aktualität: Brahms' Brief dokumentiert das im Fluss befindliche kulturelle Wissen und Empfinden einer jeden Epoche. Insofern können auch Steinbachs Partituranmerkungen nur noch eingeschränkt für heutige Interpreten gelten: Sie sind als Zeitbild zu verstehen, und aus der Distanz eines Jahrhunderts, in dessen Verlauf Musiker wie Publikum Brahms' Musik und deren immanente Gestaltstruktur verinnerlicht haben, wirkt vieles in Steinbachs (respektive Blumes) Aufzeichnungen überzeichnet, am Rande eines schauspielerischen Chargierens. Insbesondere das Rubato, der freie Umgang mit einem Grundtempo, aus dem einzelne Phrasen zur nachdrücklicheren Darstellung herausgerückt werden, kann heute nicht mehr als adäquates Stilmittel empfunden werden. Trotzdem ist eine tiefgreifende Darstellung von Brahms' Symphonien ohne die Berücksichtigung von Steinbachs Darlegungen nicht möglich: Nur durch die Kenntnis der Aufführungsbedingungen im Umfeld des Komponisten ist der Abstraktionsgrad des „objektiven", überzeitlichen Partiturbildes überhaupt zu ermessen.

Ein Zeitbild sind die Aufzeichnungen noch in anderer Weise: Sie sind 1933 erschienen, und in mancherlei Hinsicht nimmt das Vorwort darauf Bezug, wenn Blume durchaus

13 Johannes Brahms im Briefwechsel mit Joseph Joachim, Briefwechsel Band VI, Berlin 1912, S. 220.

erwartungsfroh diese „Neue Zeit" und ihre Umwälzungen begrüßt. Umso bedeutsamer ist die Widmung der Schrift an Fritz Busch, den prominentesten Schüler Steinbachs. Busch war zwar kein Jude, aber ein erklärter Gegner des Nationalsozialismus – nicht nur ob dessen Kulturfeindlichkeit. 1933 musste Busch infolge Hitlers „Machtergreifung" und dem Anbruch dieser „Neuen Zeit" als Leiter der Staatskapelle Dresden demissionieren und ging ins Exil.

Schließlich zeichnen diese Notate aber nicht nur das Bild einer zu ihrer Zeit vorbildhaften Brahms-Exegese, sondern sie vermitteln darüber hinaus ein wesentliches und stilbildendes Element deutscher Musik- und Orchestergeschichte, die sich in den Jahrzehnten zwischen 1880 und 1914, vom Amtsantritt Bülows bis hin zur Demission Regers, dem Tod von Georg II. und dem Kriegsausbruch, in der kleinen thüringischen Residenz konzentrierte. Wer sich von diesem besonderen Aspekt eines kultur- und geschichtsbewussten Herzogtums sowie dessen touristischen und landschaftlichen Reizen verzaubern lassen möchte, dem sei ein Besuch in Meiningen dringend empfohlen.

Als Herausgeber fühle ich große Dankbarkeit gegenüber allen, die das Zustandekommen dieser Veröffentlichung ermöglicht haben; insbesondere ist das Wolfgang Sandberger, Leiter des Brahms-Instituts an der Musikhochschule Lübeck und Herausgeber eines fundamentalen Brahms-Handbuchs.[14] Eine besondere Genugtuung ist es mir, dass mit dem Erscheinen auch ein langgehegter Wunsch von Herta Müller in Erfüllung geht: Ohne ihre Wissens- und Schaffenskraft als langjährige Leiterin der Sammlung Musikgeschichte der Meininger Museen im Schloss Elisabethenburg, ohne ihre Hingabe wäre die Musikgeschichte Meiningens nicht so präsent, wie es glücklicherweise heute der Fall ist.

14 Wolfgang Sandberger (Hg.), Brahms-Handbuch, Stuttgart, Weimar / Kassel 2009.

BRAHMS
in der
Meininger Tradition

Seine

Sinfonien und Haydn - Variationen

in der Bezeichnung von

FRITZ STEINBACH

Herausgegeben von

WALTER BLUME

Als Manuskript gedruckt

Offset - Druck durch Ernst Surkamp Stuttgart 13

FRITZ BUSCH

gewidmet

E i n l e i t u n g .

Wenn man heute von Umwälzungen auf allen Gebieten des menschlichen Lebens spricht, so erübrigt es sich, darauf einzugehen, was sich im Politischen und Wirtschaftlichen vollzogen hat und noch ständig vollzieht. Auch in der künstlerischen Produktion kann das Umwälzende und Neue ohne weiteres konstatiert werden. Bezüglich der bildenden Kunst braucht man nur auf den Expressionismus der Malerei und den Kubismus der Architektur und Bildhauerei und Malerei hinzuweisen.

Am Radikalsten in der Umwälzung gehen die Musiker vor, insofern und insoweit sie die Grundpfeiler alles bisherigen Musizierens, die tonalen Funktionen der Tonica und Dominanten einreißen und damit zugleich jeder Dreiklang-Harmonie entsagen. Ein neues Element hat auch der Jazz in die Musik gebracht. Sein Einfluß geht bis in die ernste Produktion und wirkt sich aus in gesteigerter Rhythmik und einer gewissen Polytonie, wo ein normaler Dreiklang mit einem oder mehreren harmoniefremden Tönen gepfeffert, gesalzen oder gezuckert wird.

Es ist jedoch nicht der Zweck dieser Zeilen, über diese Erscheinungen Werturteile zu fällen oder sie zu ergründen. Sie sollen lediglich als Tatsache konstatiert werden, und zwar als die Tatsache eines gegenüber früheren Zeiten, die noch gar nicht weit zurückliegen, anders gearteten Bewußtseins.

In der künstlerischen Produktion ist dies ohne weiteres durch den Vergleich früherer und gewisser heutiger Werke festzustellen.

Dies anders geartete Bewußtsein drückt sich aber auch in der Reproduktion aus. Hier hat allerdings nur der ältere Mensch die Möglichkeit des Vergleichens, soweit er reproduzierende Künstler der früheren Zeit gehört und erlebt hat.

Jede Zeitepoche hat als Ausdruck ihres Bewußtseins ihren Stil. Und in jeder Stilepoche bildet sich eine Tradition aus für die Wiedergabe von Werken, die meist auf den Schöpfer selbst zurückgeht. Man spürt als älterer Mensch mit Bedauern, wie diese Tradition immer mehr und mehr verloren geht, je weniger ältere Künstler, die noch in die frühere Epoche hineinragen, reproduzierend tätig sind. Es soll nicht damit gesagt sein, daß die heutigen jungen Künstler weniger bedeutend sind. Aber ihr künstlerischer- ihr Seelenhabitus ist ein anderer.

Zu bedauern ist, daß die Schallplattenindustrie früher noch nicht so auf der Höhe und im Schwange war für Orchester-Reproduktionen wie heute. Man würde dann durch den Vergleich etwa eines "Tristan" unter Felix Mottl oder einer Brahms-Sinfonie unter Fritz Steinbach mit einer heutigen Aufführung unter ebenso bedeutenden Dirigenten, wie die genannten, nachfühlen und verstehen können, wenn man sagt, daß hier aus zwei gänzlich verschiedenen Bewußtseinshaltungen heraus musiziert wird. Diese Verschiedenheit begrifflich auseinanderzusetzen, ist eine Unmöglichkeit, weil das Rationale in diesem Fall nicht an das Irrationale herankommt, wenn ich so sagen darf. Aber zwei Momente seien erwähnt, die man als Erfahrung von Musikern der älteren Epoche objektiv gelten lassen möchte. Sie beziehen sich auf Rhythmus und Tempo.

Ganz allgemein wird heute mehr Gewicht gelegt auf das rhythmische Element im Musikalischen. Rhythmische Präzision ist gewiß kein Fehler. Aber der Rhythmus darf nicht mechanisch motorenhaft werden wie im Jazz. Der Westen betonte schon immer mehr das rhythmische Element im Musikalischen. Richard Wagner spricht schon begeistert von der rhythmischen Präzision der Pariser Orchester. Es ist tatsächlich ein hoher Genuß von einem Colonne- oder Lamoureux-Orchester in Paris etwa eine Beethoven- oder Berlioz-Sinfonie zu hören. Kristallklare Darstellung der Partitur!

Ein Weiteres, was man beim heutigen Musizieren bemerken kann, ist die Tatsache, daß man ganz allgemein schnellere Tempi nimmt. Das hängt wohl auch mit der Vorliebe für einen strengen Takt und Rhythmus zusammen. Der Einfluß des Jazz wird dann aber verhängnisvoll, wenn der Rhythmus etwas Mechanisches annimmt und nur wie ein Motor vorwärts treibt. Dadurch entstehen oft zu schnelle Tempi, in denen außerdem alle Verzögerungs- oder Beschleunigungs- Tendenzen eines Themas - oder auch beim eintaktigen Motiv - rhythmisch nivelliert werden. Ein solches Musizieren ist langweilig, weil es, wenn auch äußerlich noch so glänzend und virtuos, jeder Spannung entbehrt. Die tonalen Funktionen allein können diese nicht bewirken. Es bedarf dazu eines biegsamen Tempos, der Beschleunigung oder Verzögerung. Diese sind aber nicht nur Faktoren der Stretta und Coda. Fast in jedem Thema sind diese Momente mindestens tendenzmäßig veranlagt.

Es gilt also, das elektroskopisch feine Gefühl für geringste Tempo-Modifikationen nicht verloren gehen zu lassen, sondern es zu pflegen und zu bilden als Gegengewicht zu einer nur motorenhaft präzisen Rhythmik. Dabei muß man sich aber klar sein, daß auch hier eine Gefahr lauert. Tempo-Modifikationen, Beschleunigung oder Verzögerung innerhalb einer Periode oder eines Taktes dürfen nicht übertrieben werden. Dies würde zu einer unerträglichen Maniriertheit führen und hieße das Klavierspiel der "höheren Tochter" sanktionieren. Es kommt darauf an, zwischen den beiden Polen - Melos und Rhythmus - das richtige Maß zu halten. Das Zünglein an der Wage ist das Tempo. Einerseits bewahren Tempo-Modifikationen den Rhythmus davor, mechanisch motorenhaft zu werden, andrerseits verhindern sie zugleich die Erstarrung des Melodischen. Positiv ausgedrückt: Tempo-Modifikationen geben Rhythmus und Melodie erst musikalisches Leben.

Beide Uebel, von denen oben als Gefahren gesprochen wurde, sind in der Musik jedoch schon realisiert. Rhythmus in der Uebertreibung führt schließlich zu seiner Karikatur, dem Jazz. Eine Errungenschaft des Westens! Wo Takt und Rhythmus fehlen wird das Melos zu einem quallenhaften Gebilde ohne

Mark und Knochen. Im Osten verwirklicht in der Improvisation der Zigeuner!

Die Zigeunermusik hat jedoch ihr gutes, rhythmisches Gegengewicht im Czardas. Sein Rhythmus ist noch durchaus lebendig und nicht "jazzisch" degeneriert und mechanisiert. Ein Czardas hat meistens Stretta und Coda. Die Stretta bedingt schnelleres Tempo als vorher. Die Coda kann - sie braucht nicht - das Tempo verlangsamen. Oder, der Czardas beginnt zuerst zögernd, also mit ritardando, oder er steigert sich nach und nach, oder eine Fermate hält plötzlich den ganzen Fluß auf. Das sind Merkmale eines lebendig musikalischen Tempos. Man betrachte dagegen einen Jazz. Sein Charakteristikum ist das stumpfsinnig mechanisch gleiche Tempo von Anfang bis zu Ende, wobei oft noch auf eine Coda-artige Wirkung verzichtet, sondern jäh abgebrochen wird. Von Stretta ganz zu schweigen. Was im lebendigen Musizieren durch Beschleunigung oder Verzögerung eines Motivs erreicht wird, besorgt der Jazz einzig und allein durch Verkürzung oder Verlängerung der Notenwerte innerhalb des einmal eingeschlagenen Tempos. Es entsteht dadurch der synkopierte Rhythmus. Die Art des Jazz läßt sich vielleicht auch dadurch charakterisieren, wenn man sagt, daß er am besten dirigiert wird durch das - Metronom. Es soll damit der Jazz nicht verdammt werden. Seinen echt musikalischen Reizen kann ich mich keineswegs entziehen. Seine Tendenzen dürfen aber nicht auf ihm wesensfremde Gebiete übertragen werden.

Das Radio ermöglicht es, die ganze musikalische Welt abzuhören. Man kann eigentlich fast alle bedeutenden Dirigenten und die besten Orchester der Welt hören in natura und auf Schallplatten. Bei manchen bedeutenden Dirigenten, besonders jungen, muß man dann mit Bedauern feststellen, daß sie manchen Werken in der stilgemäßen Interpretation nicht gewachsen sind. Wir haben noch eine Anzahl Dirigenten, bei denen Werke etwa Richard Wagners oder Johannes Brahms gut aufgehoben sind, weil sie noch mit der lebendigen Tradition verbunden sind. Mit deren Aussterben geht aber auch diese verloren.

In dieser Erkenntnis habe ich mich entschlossen, die Partitur-Bezeichnungen der Brahms'schen Sinfonien von Fritz Steinbach zu veröffentlichen und mit Text zu versehen, um dadurch weiteren Kreisen, besonders jungen Dirigenten und solchen, die es werden wollen, die Meininger Tradition zugänglich zu machen. Sie enthalten neben dem Speziellen für den Brahms-Stil so viel Grundsätzliches, daß schon deshalb die Herausgabe gerechtfertigt erscheinen dürfte. Das Spezielle und Grundsätzliche kann meines Erachtens auch geeignet sein, der Verflachung des Musikalischen im rein Rhythmischen entgegen zu wirken.

Fritz Steinbach hat bekanntlich 1886 das Erbe Bülow's in Meiningen angetreten, es aber "erworben, um es zu besitzen!" Durch hervorragende Orchesterleistungen hat er seine kleine Schar überall zu Triumphen geführt. Sogar in Berlin, wo der mit Recht vergötterte Arthur Nikisch mit seinen Philharmonikerndominierte, konnten die Meininger mit Steinbach sich restlos durchsetzen. Und Nikisch selbst hat kein Konzert der Meininger versäumt, da, wie er sich Steinbach gegenüber äußerte, "man von den Meiningern immer noch etwas lernen kann."

Die Brahms'schen Werke hatten schon unter Bülow in Meiningen ihre besondere Pflegestätte gefunden. Auch zu Steinbachs Zeiten weilte Brahms oft und gerne in Meiningen. Im lebendigen Verkehr mit Brahms, der auch an Proben teilnahm, entwickelte sich Steinbach zu seinem berufensten Interpreten. Alles, was Steinbach musikalisch reproduzierend und literarisch produzierend vollbrachte bezüglich der Brahms'schen Werke, hat die Sanktion von Brahms, so daß seine <u>vorliegenden Partiturbezeichnungen als durchaus authentisch zu werten sind.</u>
Ich erhielt diese Bezeichnungen dadurch, daß ich als schon nicht mehr junger Kapellmeister im Jahre 1914/15 in persönliche Beziehung zu Steinbach trat und sein Schüler wurde. Er hatte sich nach München zurückgezogen und dirigierte öfters gastweise im dortigen Konzertverein, allwo ich ebenfalls als Dirigent tätig war. Da ich früher in der Nähe Kölns, Steinbachs letzter Wirkungsstätte, Städtischer Kapellmeister war, hatte ich oft Gelegenheit, ihn zu hören. Seine Bezeichnungen sind

deshalb keine toten Zeichen für mich, sondern erfüllen sich mit blutendem Leben in Erinnerung an Steinbach's einzigartige Brahms-Interpretation. Er war ein Meister der Phrasierung und besaß die magischen Kräfte, das Gewollte aus dem Orchester herauszuholen.

Bei der Herausgabe dieser Partiturbezeichnungen bin ich mir bewußt, daß der Nullpunkt einer Partitur dadurch noch nicht überwunden ist. Aber für den Dirigenten, der davon ausgehend der Partitur künstlerisches Leben einhauchen muß, können diese aus der Dirigententätigkeit gewonnenen Erfahrungen als Bezeichnungen der Partitur wertvolle Anregungen sein und ihn inspirieren zu einer den Intentionen des Komponisten möglichst nahekommenden Interpretation. Auch hier gilt aber: "Was du ererbt.....erwirb es, um es zu besitzen!"

Auf thematische Analyse und Satzbau des Näheren und Breiten einzugehen, glaubte ich mir sparen zu können, da ich voraussetze, daß jeder Dirigent beim Studieren der Partitur als Erstes sich darüber Rechenschaft gibt. Zu metronomischen Angaben konnte ich mich nicht entschließen, da diese meines Erachtens nichts nützen, wenn das Tempo nicht aus dem rein Musikalischen empfunden werden kann.

So sei diese Arbeit der musikalischen Welt unterbreitet zugleich als Huldigung für Johannes Brahms im Gedenken seines großen Interpreten Fritz Steinbach.

Vorbemerkung

Die folgenden Ausführungen können nur an Hand von Eulenburgs kleinen Orchester-Partituren verstanden werden. Auf diese beziehen sich alle Angaben. Da es nicht möglich ist, für alle Bemerkungen ein Notenbeispiel zu bringen, wird oft nur auf den entsprechenden Takt einer Partitur-Seite hingewiesen, und wenn diese unterteilt, auf das I.oder II.System. So bedeutet: S.102, I, 4.Takt u.ff = Seite 102, erstes System, vierter Takt u.f.

ʖ über dem Notensystem = absetzen, trennen.

V = Einschnitt fürs ganze Orchester

_ = Tenuto-Zeichen

⊓ = Herunterstrich   V = Hinaufstrich

I. Sinfonie C-moll

Einleitung

Das Tempo der Einleitung ist mit: "Un poco sostenuto"
bezeichnet. Dabei ist das Gewicht auf "poco" zu legen. Also
nicht zu langsam. Einen Gradmesser für das Tempo gibt die
Oboe-Stelle auf Seite 7, 1 und folgende Takte. Vorher hat man 29ff
das Tempo etwas gesteigert und beschleunigt, so daß man nun
langsame Halbe taktieren kann, um der Oboe einen freien Vortrag zu ermöglichen. Eingangs taktiert man Achtel, aber nicht
zu langsam. Es darf bei der Oboe-Phrase nicht der Eindruck
eines schnelleren Tempos erweckt werden.

Auf die Dynamik ist genau zu achten. Das Forte zu Anfang darf nicht zu stark sein, um das Fortissimo auf Seite
6, 3. Takt zur Geltung bringen zu können. Die Streicher spie- 25
len recht klangvoll mit folgender Strichart:

Un poco sostenuto

Str.

f espr. e legato

Die Bratschen wechseln mit jedem Takt,
die Bässe bei jedem Achtel, aber pesante und tenuto,
das Contrafagott bläst portamento,
die Pauke nimmt nicht zu weiche Schlägel.
Im 9/8 Takt wird man mit dem Triller der Streicher etwas retardieren und das Crescendo mit *ff* auf Eins im 6/8 Takt abschließen.

Ein pedantisch gewissenhafter Dirigent könnte hier aus den Partitur-Vorschriften ein Zurückgehen ins einfache *f* rechtfertigen. Im ersten Takt steht ein *f*. Es folgen keine weiteren dynamischen Bezeichnungen. Also muß man nach dem Crescendo wieder ins einfache *f* zurück. Das wäre hier aber durchaus unnatürlich.

Mit solchen Erörterungen soll gezeigt werden, daß die Vorschriften des Komponisten genauestens zu beachten und zu studieren sind, daß aber Pedanterie dabei zum Gegenteil einer sinngemäßen Reproduktion führen kann. Ein Dirigent beweist gerade darin seine Künstlerschaft, daß er die Zeichen einer Partitur sinnvoll zu deuten versteht. Ja, er darf sogar Retouchen anbringen, wenn diese im Sinne der Intentionen des Komponisten gehalten sind.

In dieser Einleitung sei auf das 3 tonige chromatische Motiv c, cis, d, hingewiesen, welches im Verlaufe aller Sätze in den verschiedensten Abwandlungen und Kombinationen auftritt. Es spielt eine bedeutsame Rolle, quasi als Mörtel des Baues dieser Sinfonie und bedarf der besonderen Beachtung von Seiten des Dirigenten. An wichtigen Stellen wird darauf hingewiesen werden. Im Uebrigen sei es aber dem Dirigenten überlassen, allen Erscheinungen und Abwandlungen nachzuspüren.

9 Mit dem auf Seite 4 nach dem 9/8 Takt wiedergewonnenen 6/8 Takt beginnt eine neue Episode der Exposition für die Sinfonie. Um den Piano-Einsatz nach dem *ff*- Abschluß nicht im Nachhall untergehen zu lassen, macht man hier einen kleinen Einschnitt durch eine Luftpause. Es folgt nun eine viertaktige Periode, die in sich wiederum zweigegliedert ist. Die ersten beiden Takte tragen einen starren und steifen Charakter, der
11+12 3. und 4. Takt mutet wie Seufzen an. Das Pizzikato, streng im

Takt, gibt auch den Holzbläsern die Starre. Die Holzbläser setzen nach den Bindebogen jeweils gut ab, wobei darauf zu achten ist, daß dies gleichmäßig geschieht. Es wird erreicht, wenn das herübergebundene Achtel als Sechzehntel behandelt wird. Präzision beruht nicht allein im gleichmäßigen und gleichzeitigen Anfangen, sondern auch im gleichmäßigen und gleichzeitigen Aufhören.

Die als Seufzer angesprochenen (3.u.4.Takt dieser Perio- 11+12
de) Takte, müssen im Gegensatz zu den vorhergehenden recht eindrucksvoll gestaltet werden. Das wird unterstützt, indem man auch hier die Noten nach den Bindebogen als Sechzehntel behandelt und gut absetzen läßt. Geschrieben würde das Notenbild dann folgendermaßen aussehen:

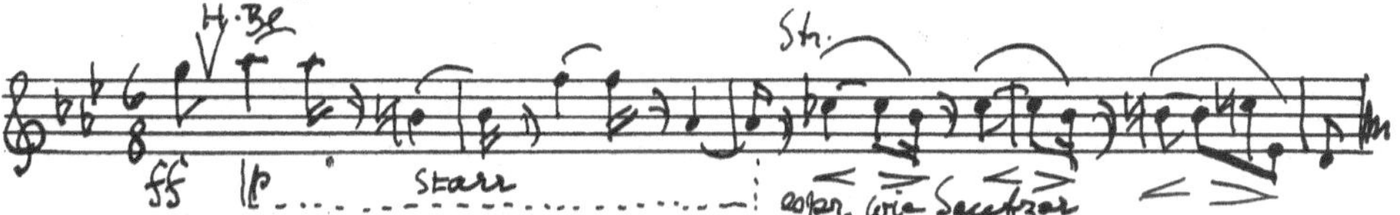

Die folgenden 4 Takte S.5 ebenso. Darnach wird man die Wieder- 13–16
holung der Seufzer drängender gestalten und auch im Tempo steigern. Mit dem ās der Geigen fängt man das Tempo wieder ab und
leitet es rubato-mäßig in die Ruhe des Anfangs-Tempo bei (A) 21
hinüber.

17ff

21 Bei (A) bewahren die Streicher völlige Ruhe. Kein Vibrato und Schleifen der Töne! Die Pauke klopft leise - mit nicht zu weichen Schlägeln - streng im Takt. Eine Wiederbelebung bezüglich Tempo und Dynamik tritt mit den Sechzehnteln der Streicher ein. Man beachte aber, daß diese ganz gleichmäßig und vollsaftig mit dem Crescendo gebracht werden. Beim Fortissi-
25 mo S.6, 3.Takt wirbelt die Pauke nicht zu stark und spart mit dem Crescendo bis zum letzten Takt. Bässe und Contrafagott bringen ihre Achtel recht wuchtig. Zu dem G-Dur-Abschluß hin wird das Tempo beschleunigt und das Oboe-Thema nun in langsamen Halben taktiert. Die hohen Noten dieses Oboe-Themas haben jeweils tenuto-Zeichen (vergl. Beispiel). Wie alle derartigen Bezeichnungen sind sie jedoch cum grano salis zu nehmen. Ausgesprochen heißt das "tenuto", daß die Töne etwas gehalten werden sollen. Das ist aber eigentlich schon zu viel gesagt. Auf keinen Fall darf hier der Eindruck entstehen, daß mit dem Tenuto-Zeichen der Notenwert verlängert wird. Vielmehr sollen diese Noten nur besonders prononciert werden. Soll durch das Tenuto-Zeichen auch der Notenwert verlängert werden, wird das angezeigt durch "rubato", wie z.B. zwei Takte vor (A). Das $\bar{\bar{as}}$ wird man etwas länger aushalten und das "gestohlene" Tempo wieder einholen. (Rubato heißt wörtlich: gestohlen. Man stiehlt zu Gunsten einer Note von den Zeitwerten anderer Noten, macht dies aber im Verlaufe des Taktes wieder gut, so daß im Gesamtverlauf des Tempos keine Verzögerung oder Beschleunigung eintritt) Das Tenuto-Zeichen wird entbehrlich, wenn man als musikalischen Grundsatz im Bewußtsein hat, daß die hohen Töne einer musikalischen Phrase ein prononciertes, betontes Aussprechen verlangen. Die hohen Töne werden aber gerne verschluckt, besonders dann, wenn sie im Sprunge erreicht werden müssen. Das nimmt dann der musikalischen Phrase meist die große Linie. Aehnlich ist es bei gewissen Auftakten. So kann ein verlängerter Auftakt oft sehr wirkungsvoll sein und der musikalischen Phrase schon dadurch das Gepräge geben und den Stempel aufdrücken. Am gegebenen Ort wird dieses am Beispiel verdeutlicht werden.

A l l e g r o

Das Allegro setzt gleich mit dem chromatischen Motiv, das wir von der Einleitung her kennen, als Oberstimme ein und erscheint einige Takte später in der Unterstimme. 38

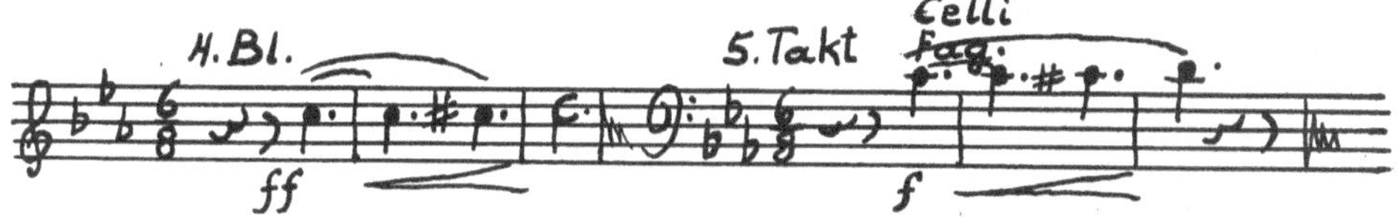

Die Chromatik führt eigentlich zwangsläufig ein Crescendo mit sich. Jedenfalls ist dieses Motiv, wo und wie es auftritt, stets mit einem Crescendo auszuführen.
Darüber baut sich das I.Thema auf:

und ist stets so auszuführen, daß auch die Viertel, die als kurz bezeichnet sind, wie Achtel behandelt werden. Die Accorde S.9, 5.u.6. Takt trennt man gut, ähnlich dem 4.Takt, wo 49+50, 48
als Trennungs-Zeichen das 3.Achtel eine Pause ist.

Der *ff*-Einsatz S.10 mit Auftakt bringt ein Motiv, das 60
wir schon von der Einleitung her, aber in anderer Darstellung kennen. Es hat hier einen ganz anderen Charakter und muß sehr energisch gespielt werden. Bezüglich der Phrasierung vergleiche die gleiche Stelle in der Reprise, S.41. Es soll 352
folgendermaßen phrasiert werden:

Der schlechte Takt-Teil ist jeweils betont, was Brahms sehr liebt und oft anwendet. Man phrasiert von selbst richtig, wenn man sich den Taktstrich um einen halben Takt vorgerückt denkt, so daß schlechter Takt-Teil guter wird und umgekehrt. Dann würde die Stelle so aussehen:

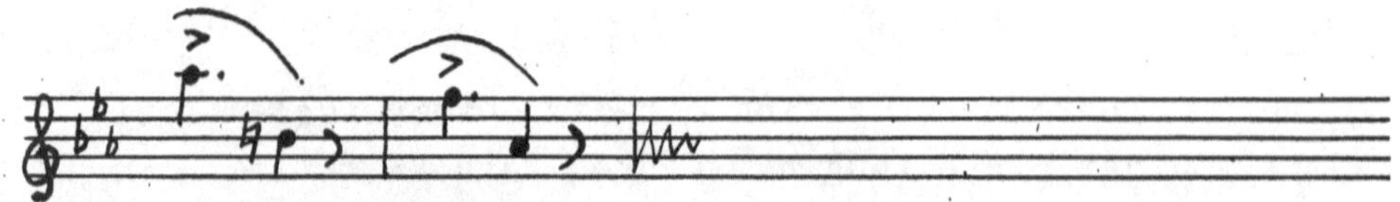

Es ist gut, wenn man sich derartige Motive mit verschobenem Taktstrich durchdenkt und singt. Die beabsichtigte Phrasierung wird dadurch verdeutlicht und das Empfinden dafür unterstützt. Man teile dieses Rezept auch den Musikern mit. Der gewollte Effekt wird dadurch schneller erreicht.

63–68 S.11. Vom piu *f* bis zum *ff* ein allgemeines Crescendo. Die Bässe, Celli und Fagotte betonen die hohen Noten auf schlechtem Takt-Teil.

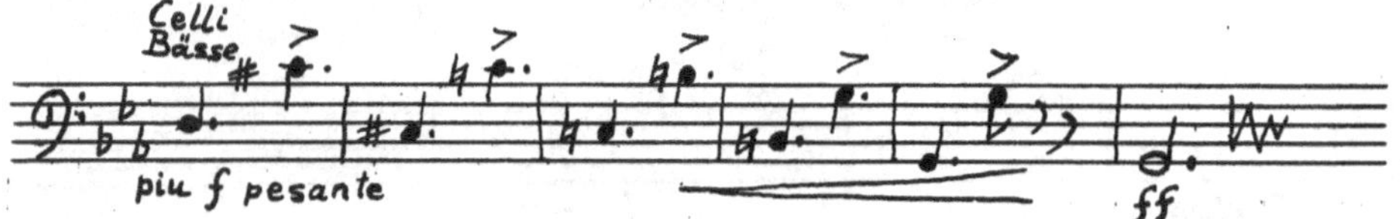

70 Bei Buchstabe Ⓑ erscheint das chromatische Motiv in der Ge-
79 genbewegung oder Spiegelung. Im 9.Takt nach Ⓑ werden die Stimmen vertauscht. Das chromatische Motiv in den Bläsern und Bratschen crescendiert analog den Bässen vorher.

Bei dieser Stelle beachte man die von den anderen Instrumentengruppen abweichende Dynamik der Hörner, Trompeten und Pauken!

86+87 S.14. 2.und 3.Takt sehr kurz und energisch! Die Viertel-Noten wie Achtel behandeln!

90 ff S.14. 6.Takt und folgende betonen die Bläser als Gegengewicht
97 zu den Streichern die Eins bis Ⓒ. Hier haben wir einen Höhepunkt in der Verarbeitung des I. Haupt-Themas erreicht, der noch übergipfelt wird durch das sf des As, wofür die Streicher ihre letzte Kraft hergeben müssen. Zugleich beginnt hier die wunderbare Ueberleitung zum II. Thema, in der Brahms das Quadergefüge des bisherigen Satzes auflöst in arabeskenhafte

Leichtigkeit und Grazie, aus der sich fast unvermittelt, und doch herrlich vorbereitet, das II. Thema erhebt.

Die Ueberleitung ab Ⓒ kann man nicht so ohne weiteres 97
im tempo ablaufen lassen. Hier müssen wir unser in der Einleitung schon erwähntes feines elektroskopisches Gefühl für Tempo-Modifikation walten lassen. Nachdem man die 4 taktige Passage von Ⓒ ab streng rhythmisch absolviert hat, wird 97–101
man die nächsten 2 Takte S.16 I. 3. und 4.Takt "eilend und 101+102
flüchtig" vorwärts treiben. Das chromatische Motiv im 5.Takt 103
bedingt wieder ruhigeres Tempo. Dann ab 7.Takt ursprüng- 105
liches Tempo. So haben wir kurz hintereinander 3 verschiedene Tempi. Sie wollen für eine richtige Darstellung gut empfunden und erlebt sein.

100–105

Seite 16. II. 6.Takt beachte man, daß die Celli das Thema 111
der I.Violinen und Bratschen nicht zudecken. Vom 2.Takt 114
Seite 17 I das Tempo zurückhalten. Die Bläser-Accorde trotz des Kurz-Punktes auf den Noten gut ausgehalten blasen lassen. Bei Ⓓ wird das Tempo wieder aufgenommen. Das III. Horn kann 121
mit dem chromatischen Motiv etwas hervortreten quasi solistisch. Den letzten Takt S.17. II verlangsamt man als Vorbereitung 129
zum II. Haupt-Thema.

130–138

Das Thema verlangt die eingeschaltete Verbreiterung, wie aus dem Notenbeispiel ersichtlich. Die Achtel der Bratschen müssen sehr weich portamento gespielt werden und müssen sich dem freien Vortrag dieser Episode gut anpassen.

Die Accorde der Streicher S.18. II. 7.Takt und folgende 146–
S.19 I sind zu trennen. Also stets absetzen! Das Zwiegespräch 152
zwischen Horn und Holzbläsern ist frei zu gestalten.

145–152 

Der Oktavensprung des III. und IV. Horns.
155+156; 157 S. 19 I. 6.und 7. Takt etwas markiert und abgesetzt. Der 8.
Takt dann leitet zum Seitenthema über. Hier gleich das Tempo
auffrischen, jedoch immer noch etwas zurückgehalten, um dieser Stelle die Spannung nicht zu rauben.

157ff 

Dieses Motiv darf nicht so gespielt werden, daß die 3 Achtel wie ein Anlauf klingen zur höheren Note. In welchem Takt-Teil diese 3 Achtel auch erscheinen, auf gutem oder schlechtem, lasse man stets das erste Achtel markieren.

161 Von Ⓔ ab bedarf es höchster Energie aller Spieler.
185ff Die Stelle S.22, 4.Takt und folgende recht "gehackt", also sehr energisch. (Hier Hörner und Trompeten beachten, daß kurz geblasen wird und "gehackt.")

Die Wiederholung bleibt weg, es geht gleich auf die 2. Das H-Dur, welches wie Licht in das düstere Dunkel des C-moll Satzes hereinbricht, kann nicht glänzend und vollsaftig genug gestrichen und geblasen werden. Die I.Violinen spielen selbstverständlich ebenfalls *ff* . Nur die Hörner blasen einfaches *f*,
192 crescendieren aber von der 2. Hälfte des 4.Taktes an bis zum
195 *ff* des drei Takte später folgenden sf Seite 24 behandle man
im ersten Takt die Viertel-Note wie ein Achtel, daß die Pause
197=Ⓕ vor dem sf gut herauskommt. Bei Ⓕ spielen auch die Streicher
ein Achtel auf Eins, wie die Bläser, also möglichst kurz.

Hier beginnt die Durchführung. Zunächst halte man auf strenges Tempo. Die Streicher spielen nicht Tremolo, sondern Sechzehntel. Das in die I.Violinen hineingeheimniste chromatische Motiv soll nicht hervortreten, sondern sempre pp gespielt werden. Es soll Geheimnis bleiben.

Um diese Episode durchsichtig zu bringen, gilt das Folgende: Alle Instrumente setzen nach Bindebogen ab. Die Crescendi in den Streichern nur wenig. Bässe und Celli phrasieren folgendermaßen:

197ff

Man beachte, daß hier nur abgesetzt wird, wo das Zeichen ʼ steht.

Im Uebrigen ist diese Stelle wieder typisch für Brahms'sche Phrasierung in der Betonung des schlechten Takt-Teiles. Beim Doppelstrich Seite 26 das Tempo ruhiger nehmen. S.27, 3.Takt 215; 225
das Tempo analog der früheren Stelle auffrischen. Bei Ⓖ ist 229
das Hauptzeitmaß erreicht. Man beachte, daß hier nur ein einfaches *f* steht. Das *ff* kommt erst S.28, 2.Takt. Immer da, 232
wo die Töne nach oben drängen, wird man in allen Instrumenten crescendieren lassen.

Der Fortissimo-Einsatz auf Drei wird wirksamer, wenn man vorher einen Einschnitt macht. Die Hörner blasen hier nur *f* .

In diesem Motiv immer das erste Achtel betonen. 273= Ⓗ

Vor Ⓗ wird das Tempo beruhigt.

273ff

Diese Gestaltung des chromatischen Motives in Auf- und Abwärtsbewegung bekommt hier den Charakter eines vergeblichen Versuches zur Erhebung. Man crescendiert aufwärts. Das p soll heißen, daß man merklich zurücksinkt in der Tonstärke, nicht aber, daß man nur bis p crescendiert. Also jähes Abfallen nach dem Crescendo.

290ff Die 4 Takte vor Ⓙ S. 33 II. müde und tonlos.

293 Der pp Einsatz des Contrafagotts bei Ⓙ wird selten befriedigen. Es geht aber nicht an, hier das Contrafagott wegzulassen, weil es der ganzen Episode eine besondere Farbe gibt. Man achte darauf, daß nach den kleinen Crescendi stets ins pp zurückgegangen wird in allen Instrumenten.

297ff Das Klarinetten- und Oboen-Motiv auf S.34 recht eindringlich mit tenuto-Zeichen auf dem ersten Achtel

321 = Ⓚ 6 Takte vor Ⓚ steigert man das Tempo, bis man bei Ⓚ das Haupt-Zeitmaß wieder erreicht hat. Die Holzbläser betonen das erste Achtel. Hörner und Trompeten akzentuieren auf Zwei und blasen nur *f* .

327 Das auf S.37 einsetzende chromatische Motiv stets mit Cre-
333+334 scendo ausführen lassen. Im 2.
und 3.Takt S.38 die Zwei kurz abgerissen, ebenso das

fis im 4.Takt. Die letzte Note des hierauf folgenden chromatischen Motivs ist nur noch ein Achtel mit Kurz-Punkt, 335
während die Bläser vorher noch eine Viertelnote zu blasen hatten. Dies bedeutet eine gesteigerte Dramatik, die man durch drängendes Tempo unterstützt.

Bei (L) nimmt man wieder das Haupt-Zeitmaß. Für die hier 343
beginnende Reprise gilt das Gleiche wie im Hauptsatz vorher.

Etwa 5 Takte vor (P) S.51 treibt man das Tempo bis (P) 475 = (P)
ziemlich stark. Das Pizz. muß im ursprünglichen Tempo kommen, so daß hier ein deutlicher Ruck entsteht. Man erreicht diesen Ruck und Präcision des Pizzicatos dadurch, daß man die
3 letzten Achtel vor (P) schon im folgenden Haupt-Tempo aus- 474
zählt.

Das chromatische Motiv S.53 wird aufwärts crescendiert, ab- 478
wärts diminuiert.

In das "Poco sostenuto" leitet man mit einem mäßigen Ritardando hinein. Das Tempo bleibt aber "Alla breve".

In dem Motiv der Bläser und Streicher S.56 ist nach 503ff
dem Bindebogen gut abzusetzen. Das Crescendo der Schlußtakte bis zum mf treiben. Für die Streicher winkt man vor dem Pizz. der Präzision wegen zum Aufhören ab.

II. S a t z .

Andante sostenuto.

Das E-Dur dieses Satzes bringt es nicht zu einer goldenen Sonnenhaftigkeit und Wärme. Die Tragik des I.Satzes zittert noch darin nach mit dem quälenden chromatischen Motiv. Erst das II.Thema kündet in seiner Schlichtheit vom errungenen inneren Frieden.

Dieser Satz muß sehr lebendig im Ausdruck und farbig gestaltet werden. Mögen die Bezeichnungen Steinbachs dazu helfen.

Im Horn (fis im 3.Takt) steht in der Partitur "gestopft". Das gilt nur, wenn Naturhorn, also E-Horn in diesem Fall geblasen würde, auf welchem dieses fis nur durch "Stopfen" erzeugt werden kann. Für unser "Ventilhorn ist dies fis als "offen" zu verstehen.

Das *f* der Bässe und Celli wohl markiert in den Triolen, aber nicht zu stark.

7 Im ersten Takt Seite 58 erreichte Steinbach eine schöne Wirkung, indem er das ḡ der I.Violinen etwas verfrüht bringen ließ. Dadurch bekam das tenuto-Zeichen auch verlängerten Zeitwert. Diese feine Nüance fällt in das Kapitel der verlängerten Auftakte. Der darauf folgende Takt wird dadurch mit beeinflußt im Ausdruck.

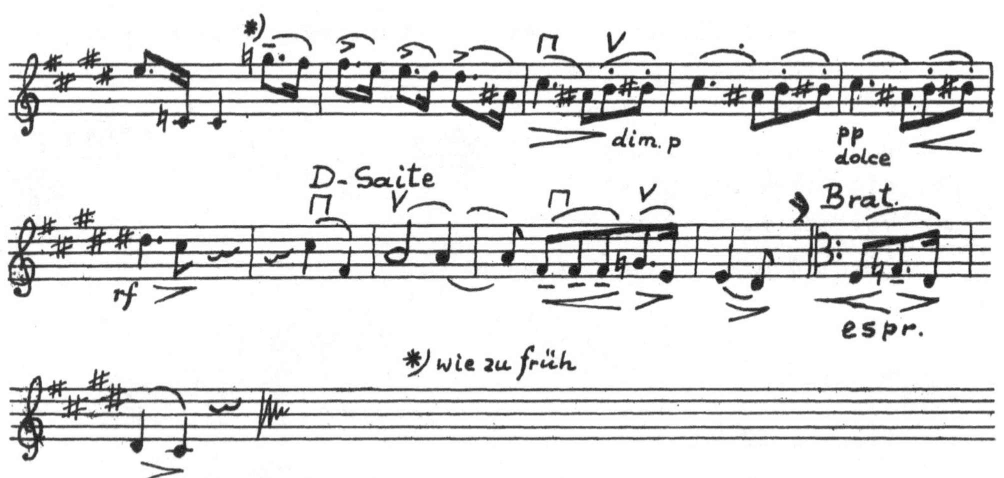

Man beachte bei dieser Episode die Striche. Den Nachsatz der Bratschen (die zwei letzten Takte im Beispiel) hebe man etwas heraus, auch aus dem Flusse des Tempos. Es wird erreicht, wenn man diesen (vorletzten Takt des Noten-Beispiels) mit Achteln taktiert, aber nur auf Zwei, d.h. das ans g herangebundene fis nach Zwei durch Achtel-Schlag angibt. Das 3. und 4. Achtel schlägt man aus. Graphisch dargestellt:

Das II. Thema in der Oboe muß quasi legato geblasen werden.

Im 4. Takt nach (A) das Crescendo bis zum his hinführen und 30
abreißen. Diese Stelle mit Pathos vortragen. Nach den Bindebogen ist abzusetzen, so daß die Sechzehntel den Wert von 32 tel bekommen. Im Beispiel ist dies durch das Zeichen 𝄿 ausgedrückt. Die Imitation der II. Violinen und Bratschen
S.60 I. 3.Takt und folgende ebenso zu phrasieren. 34ff

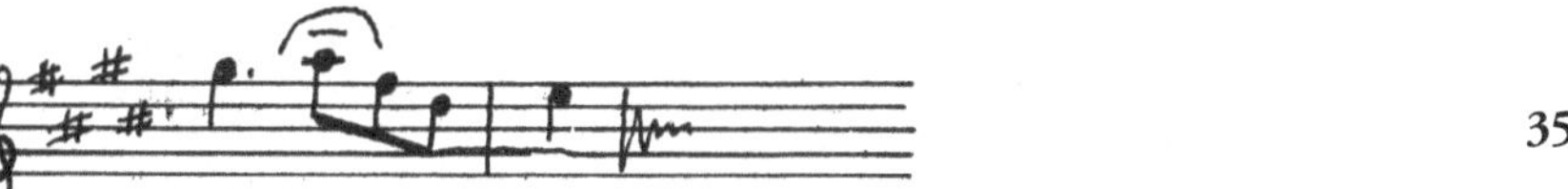 35

Das ā dieser Phrase jeweils gehalten und die folgenden Sechzehntel-Figuren wie zuerst bei den I. Violinen abgesetzt und pathetisch vorzutragen.

36ff

I. Viol 8va f

f pathetisch

mf

mf

molto crescendo

sf

sf

39 Das II. Thema (B) trägt die Oboe quasi legato vor. Für die Tenuto-Zeichen gilt hier das früher Gesagte. Die Streicher begleiten gut rhythmisch, aber dolce, und nehmen jeweils 2 Noten auf einen Strich:

Aus dem folgenden Notenbeispiel ist das Weitere bezüglich der Phrasierung zu ersehen.

Die rubato-Takte der Klarinette werden so ausgeführt, daß man etwas eilt aufs erste und zweite Viertel und im 3. Viertel zurückhält auf dem tenuto-Zeichen. Das Cis im vorletzten Takt des Beispieles gut gehalten, dann im fließenden Tempo weiter und auf die sforzati jeweils eilend daraufloßstürzen
und darnach wieder ins tempo zurückgehen. S.62 II. 4.Takt. 56
Die Sechzehntel der Holzbläser sind nach den Bindebogen jeweils abzusetzen.

S.63 I. 3.Takt ist richtig phrasiert, wenn man hier einen 59
6/8 Takt empfindet.

Mit dem diminuendo des letzten Taktes I.63, ritardiert 60
man ein wenig, um die Rouladen der Bläser und Streicher ruhig
vorzutragen. Die 3 Achtel Noten vor Ⓒ der Bratschen und 63 = ©
Celli recht ruhig. Wie früher schlage man die Zwei in Achteln aus. Dann macht man auf dem Taktstrich bei Ⓒ eine kleine Fermate.

Die Chromatik des nun folgenden Motivs wird verdeutlicht durch tenuti.

62f

79 S.66 I. 3.Takt wird folgendermaßen vorgetragen. Die ersten 2 Viertel eilen, das 3.Viertel breit.

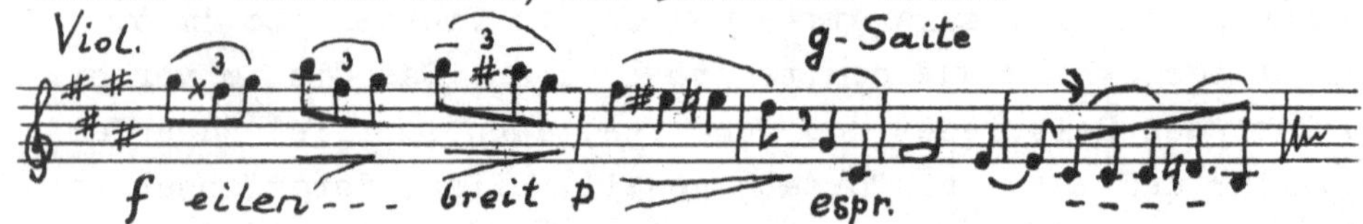

91 Das II. Thema in Horn und Oboe bei Ⓒ quasi legato. Die Solo-Violine nimmt breite Striche. Im Folgenden beachte man die verschiedenen dynamischen Bezeichnungen für die verschiedenen Instrumenten-Gruppen! Ein Beweis für die Sachkundigkeit Brahms bezüglich Orchesterklang.

Im übrigen gelten für die folgende Episode die gleichen Bezeichnungen wie für die frühere analoge Stelle. Die Solo-Violine phrasiert folgendermaßen:

101f

Die hierbei nachschlagenden Triolen müssen streng rhythmisch sein.

S. 71 4.Takt: das chromatische Motiv sehr ruhig. 117ff

Die Solo-Violine spielt ihre letzten Takte folgendermaßen und hält als einziges Instrument ihr gis zum letzten Takt über. Alle anderen setzen gut ab.

125ff

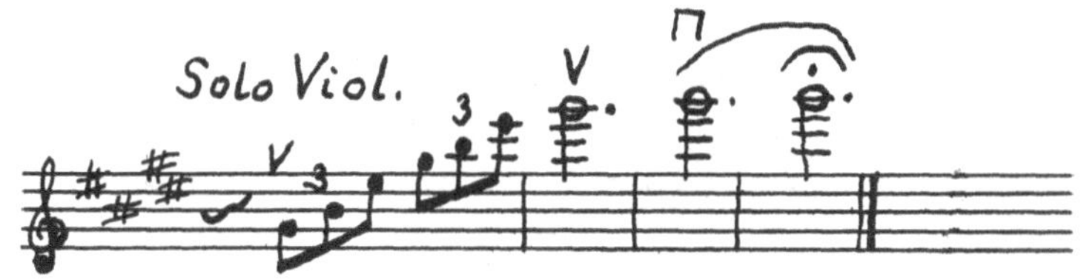

III. S a t z .

Un poco allegretto e grazioso.

In diesem Satze drückt sich eine behagliche Stimmung aus. Man nehme das Tempo nicht zu schnell, sondern gemächlich. Das Horn in den ersten Takten wird leicht zu stark. Es darf das Théma der Klarinette nicht übertönen. Lieber lasse man die Klarinette stärker blasen, wenn das Zurücktreten des Horns aus akustischen oder sonstigen Gründen nicht zu erreichen ist.

S.74 I 3.Takt. Man beachte: Die Holzbläser haben ein 11
einfaches piano dolce, die Streicher pp. Diese Episode bis (A) 19
muß einen flüchtigen Charakter haben, doch streng im Rhythmus sein. Die Streicher halten die übergebundenen Noten genau aus! Sonst wackelt diese Stelle. Die Holzbläser behandeln ihre Sechzehntel lieber als 32 tel, als daß sie nach der Triolen-Seite hin schlampen.

19 Bei A vergl.Beispiel: Striche beachten!

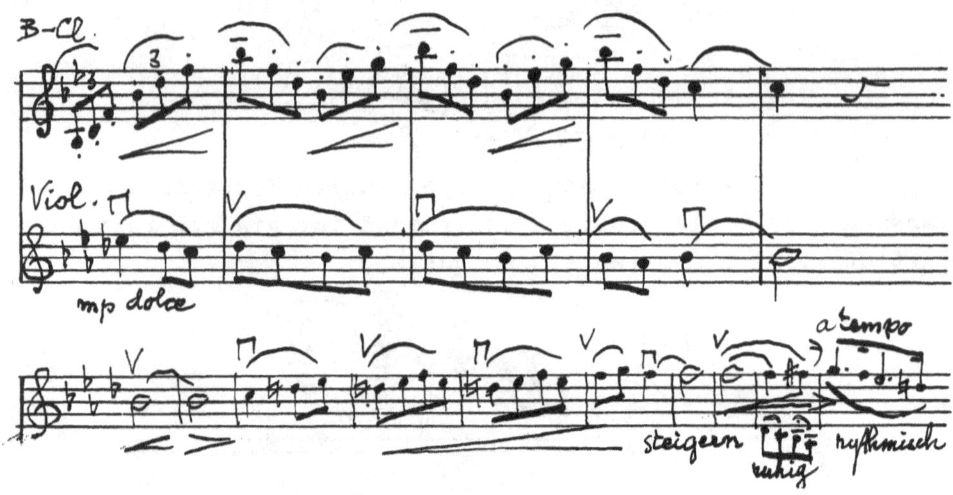

41 Vier Takte vor (B) steigert man das Tempo, um das II.
45 Thema der Klarinette bei (B) und übrigen Holzbläser im Gegensatz zu dem behäbigen I.Thema nunmehr aufgeregt vorzutragen. Durch die 16 tel Begleitung der Streicher wird der aufgeregte Charakter gut unterstützt.

51ff

51 In dem mit "quasi ungarisch" bezeichneten Takt soll ein 4/8 Rhythmus spürbar sein, im Gegensatz zu dem 2/4 Rhythmus. Das Uebrige ist aus dem Beispiel zu ersehen.

S.77 II 3.Takt: Das Horn wie die Oboe markiert. Für 56
den 6/8 Takt gilt für das folgende Motiv ganz allgemein die 70ff
Brahms-typische Betonung der hohen Noten.

S.82 1-3 Takt: Hörner markiert! 96–98
S.82 4.Takt und folgende. Es wird immer das 3. und 6.Achtel 99ff
betont.

Der Accord in der Eins (S.83 letzter Takt) nebst Auf- 108
takt sehr kurz und energisch. Es wird wiederholt.

Die Pizzicato-Accorde vor (E) recht schwer und wuchtig. 115 = (E)
Die Triolen der Klarinetten und Fagotte S.85 I. 5.Takt und 120ff
folgende ganz nebensächlich.

Für die kurze Reprise gilt das Gleiche wie früher.

S.87 I, 1 und folgende Takte: Nach den Bindebogen jeweils 146ff
absetzen.

Im "piu tranquillo" nach dem Doppelstrich läßt man die
Bläser-Triolen crescendieren:

156f

Im vorletzten Takt macht man nach dem Pizzicato-Accord
eine kleine Fermate und schließt im tempo ab.

IV. S a t z .

Einleitung --- Adagio

Dieses Adagio ist unter dem Eindruck von Schumann's Tod entstanden. Bekanntlich war Brahms Schumann sehr zugetan. Das ist bis in seine Thematik dieser Sinfonie zu verspüren. Das II. Thema des ersten Satzes atmet ganz Schumann'schen Geist in der Manfred Stimmung. Kahlbeck meint dazu, daß Brahms so schreiben mußte, um sich endgültig von Schumann'schem Einfluß zu befreien und zu sich selbst zu finden.

6ff Das Tempo ist sehr langsam. Die Pizzicato-Episode (6.Takt S.89) gibt einen guten Anhalt dafür. Man wird dieser Stelle nun gerecht, wenn man ruhige Achtel schlägt. Damit auch der Anfang recht langsam wird, schlage man von vornherein Achtel. (Die Striche beachten):

Das Pizzicato verlangt in den beiden ersten Takten absolute starre Ruhe, um die beabsichtigte Spannung zu erzeugen. Das stringendo nur nach und nach steigen. Vor allen Dingen nicht gleich zu Anfang des stringendos das Tempo zu sehr beschleunigen, sondern nur mäßig. Mit der Scala aufwärts erst, ist heftig zu beschleunigen bis zum Abschluß-Accord. Diesen kurz abreißen. Er darf auf keinen Fall arpeggiert klingen, sondern muß kurz geschlagen werden. Darnach eine kurze Pause und wieder ruhig beginnen wie zu Anfang.

Die verkürzte Pizzicato-Stelle bedarf einer entsprechend
20 schnelleren Tempo-Beschleunigung. Man macht darnach vor dem p Einsatz "in tempo" einen Einschnitt als kurze Fermate auf dem Taktstrich. Das Contrafagott pausiert noch, weil es leicht
22 das Piano gefährdet, und setzt erst bei (A) ein. Man dirigiert selbstverständlich Achtel. Von (A) ab kann das Tempo etwas
24 vorwärts getrieben werden, muß Seite 92 aber stehen für den präcisen Ablauf der 39 tel Episode.

Die Abschluß-Terz vor Ⓑ$^{a}_{c}$ (Bässe, Celli, Bratschen, Horn, Fagott) ist fortissimo lange zu halten. Mit dem Diminuendo beginnt man erst kurz vor dem as und führt es bis zum pp. 28

Wie ein Phönix aus der Asche erhebt sich nunmehr das C-Dur Thema des Horns aus der Finsternis des C-moll. (Motiv des Westminster-Glockenspieles in London) Die Sextolen der Streicher bestimmen das Tempo gut, daß es nicht zu langsam wird.

Um bei Ⓒ S.97 die Bläser recht wirkungsvoll und feierlich erscheinen lassen zu können, läßt man im Takt vorher 47
die Streicher nicht ganz ausspielen. Sie lassen das letzte Sechzehntel der Sextole weg. Dadurch entsteht die gewünschte kleine Pause. Die Bläser crescendieren im 3.Takt, wie Beispiel 49
zeigt,

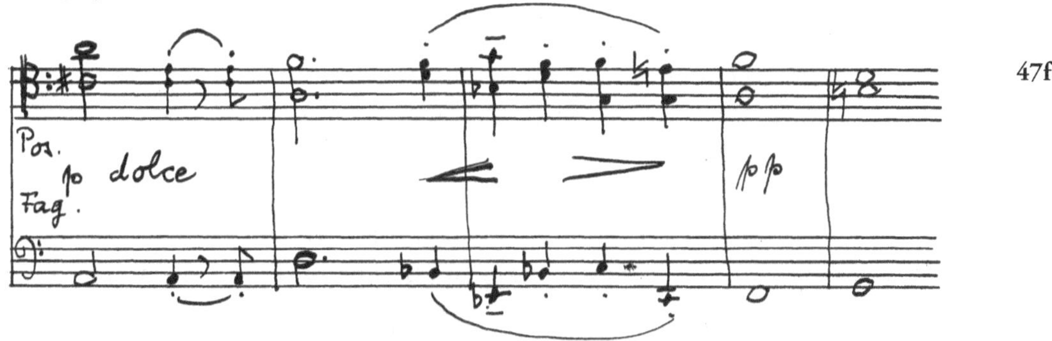

47f

und tragen dieses Motiv etwas breiter als das Hauptzeitmaß vor.

Mit dem Horn-Thema S.98, 5.Takt wird wieder das ursprüngliche Tempo genommen. Vor dem Allegro macht man nach der Fermate eine kleine Pause. 52

In diesem Satze wechseln die Themen häufig ihren Charakter als Alla-breve und Vier-Viertel-Takt. Für eine gute Darstellung muß man sich in die Verschiedenheit der Tempo-Charaktere gut einfühlen. In einem Alla-breve-Tempo ist die Thesis auf Eins und die Arsis auf Drei das Charakteristische. Im Vier-Viertel-Tempo werden jedoch die Viertel mehr gleichwertig empfunden. Man sehe sich daraufhin die Themen dieses Satzes an, um daraus nicht allein für das Tempo, sondern auch für die Technik des Dirigierens zu folgern, ob man Halbe oder Viertel taktiert. Denn dieser Umstand ist nicht ohne Einfluß auf die Phrasierung

Ohne Zweifel ist das erste Thema ein ausgesprochenes 4/4 Tempo. Man taktiert auch Viertel. (Es gibt auch Themen, bei denen man über ihren Charakter im Zweifel sein kann.

Nun ist hier auch der geeignete Ort, über die schon früher erwähnten Auftakts-Nüancen zu sprechen. Der 4/4 Charakter dieses ersten Themas kann schon mit dem Auftakt verdeutlicht werden, indem man diesen etwas breit nimmt. (Das richtige Tempo muß dann im darauffolgenden Takt gleich eindeutig angeschlagen werden). Dadurch bekommt dieser Auftakt das Gewicht des vollwertigen Viertels. Als viertes Viertel hat es sich schon gegen die Thesis der Eins zu behaupten, zudem befindet es sich gegenüber der Tonica noch in der schwachen Dominant-Stellung. Dieser doppelten Schwäche hilft man durch eine kleine Verbreiterung auf. Man verleiht dadurch auch dem ganzen Thema den großen Zug. Es ist, als ob man mit dem verbreiterten Auftakt tief Atem holt, um genug Luft zu haben für das Thema, während ein normaler oder gar flüchtiger Auftakt leicht den Eindruck von Asthma hervorrufen kann. Was hier angezeigt ist, darf natürlich nicht verallgemeinert werden.

In den Auftakts-Nüancen gehören gewissermaßen auch die
gehaltenen oder prononcierten Noten auf schlechten Taktteil,
die wir bisher kennen gelernt haben und noch kennen lernen
werden. Ein Beispiel aus dem Andante möchte ich dafür anfüh-
16 ren. Es ist das Echo der Bratschen, S.58 II 5.Takt.

Nimmt man das fis (3.Achtel) zum g hin streng im Takt, bleibt dieses Echo der I.Violinen wirkungslos. Nun die Betonung dieses 3.Achtels fis zu erreichen und die ganze Phrase

herauszuheben, wurde angeraten das 3.u.4. Achtel hier auszutaktieren. Dieses fis hat sozusagen Auftaktscharakter und bedarf der kleinen Verbreiterung, um es zur Geltung zu bringen. Durch das Ausschlagen der Achtel wird dies erreicht, weil man dabei von selbst langsamer wird durch die doppelte Bewegung. Die Drei wird wieder nur mit einem Taktschlag angegeben, um nicht aus dem Fluß zu kommen.

Ausführungen dieser Art könnten als zu sehr ins Detail gehend angesehen werden, aber es spricht sich darin auch etwas Grundsätzliches aus.

Jeder Ton erhält über Thesis und Arsis hinaus seine Bedeutung durch die Beziehung zu Takt-Teil und tonaler Funktion. So gibt es, qualitativ gesprochen, starke und schwache Töne. Stark sind sie, wenn sie auf guten Takt-Teil fallen oder Tonika-Charakter haben. Als schwach werden sie auf schlechtem Takt-Teil empfunden oder wenn sie dominantenhaft sind. Takt und tonale Funktion sind Fesseln des Melos. Sie werden oft durchbrochen, besonders bezüglich des starren Taktgefüges, in dem schwache Töne zu starken werden und umgekehrt. Im Grunde genommen entstehen dadurch andere Taktarten. Hierfür sei auf das frühere Beispiel im Andante verwiesen. S.63 I, 3.Takt, 59

mit der Bemerkung, daß richtig phrasiert wird, wenn hier 6/8 Takt empfunden wird. Man singe diesen Takt und taktiere das eine Mal 3/4, das andere Mal 6/8. Dabei wird man den Unterschied bemerken. Im 6/8 Takt wäre das tenuto des 4. Achtels überflüssig, weil durch die Arsis der Ton von selbst seine Bedeutung erhält. Im 3/4 Takt dagegen muß die Bedeutung des 4.Achtels quasi künstlich erreicht werden durch das tenuto. Man kann sagen, daß Brahms in forwährendem Kampf mit dem Taktstrich liegt. An einer Stelle des I.Satzes habe ich darauf hingewiesen,

51ff und dazu bemerkt, daß auf S.9 und folgende man sich den Taktstrich um 3/8 vorgerückt denken müsse, sodaß schlechter Taktteil gut wird und umgekehrt. Ohne weiteres ergäbe sich daran die gewünschte Wirkung. Vielleicht war dieses Verfahren Brahms zu "bürgerlich". Er hätte damit ja auch ein gut Teil seines Wesens aufgegeben. Und es ist eben doch ein Unterschied, ob ein Ton faktisch als Thesis erklingt oder als markierte Arsis nur die Rolle der Thesis spielt. Als reproduzierender Künstler muß man solche und andere Themen-Metamorphosen, in denen Brahms unerreichter Meister ist, mitmachen und erleben können, sonst kann man Brahms'schen Werken nicht gerecht werden.

Aus diesen Betrachtungen soll hervorgehen, daß die Behandlung von Auftakten, seien sie echt oder unecht, von wesentlicher Bedeutung für die musikalische Darstellung ist. Die Intensität des Musizierens eines Steinbachs oder Nikischs beruht zum Teil mit darauf, daß sie als richtiges Phrasierungsmittel die Stärkung schwacher Töne im dargelegten Sinne anwandten. Sie erzielten dadurch den langen Atem für die große Linie ihres Musizierens.

61ff

In diesem Thema nimmt man den Auftakt verbreitert gemäß den vorangegangenen Betrachtungen. Das Thema ist zweitaktig wie es die Klammern anzeigen. Das Absetzen nach der Klammer wird bewirkt durch den Kurzpunkt auf der Note. Im 4. Takt beachte man das angebundene d auf Drei, daß es schwächer als das erste d auf eins ist und kürzer als ein Viertel. Vokalisiert würde das erste d ein a, das zweite ein e sein; wie man

etwa das Wort "Wage" ausspricht, sind diese beiden Töne
zu behandeln. Der 3.Takt S.100 II wiederholt sich 3 Mal. Wie 70
sich wiederholende Töne oft die Tendenz einer Beschleunigung
in sich haben, so auch sich wiederholende Motive. Man beschleunigt hier also das Tempo etwas. Mit dem Auftakt der
Holzbläser S.101, I. 4.Takt fixiert man wieder das Haupt- 78
zeitmaß. Für diese kurze Wiederholung gilt das Gleiche, wie
vorher. Man treibt das Tempo an, um bei (D) "animato" in 94
Halben taktieren zu können.

Von (D) ab gilt es den Charakter der Thematik zu erkennen, ob Alla-breve oder 4/4 empfunden werden muß.

Dieses Beispiel möge genügen für alle weiteren Fälle. Im 9-11.Takt des Beispieles lasse man die Streicher recht ziehen, was durch die tenuto-Zeichen ausgedrückt sein soll.

Im 4.Takt, S.107, I haben wir es mit einem echten 118
allabreve-Tempo zu tun. Man beachte die Phrasierung.

animato
p dolce

Die Bratschen, Celli und Bässe setzen nach den Bindebogen jeweils ab.

130+131 Im 3. und 4.Takt nach Ⓕ muß man 4 schlagen, aber im gleichen Fluß wie das Alla-breve vorher. Diese beiden Takte sehr präzise! Mit dem nun folgenden Oboe-Thema beginnt ein anderes Tempo. Es ist eindeutig alla-breve, muß aber vorbereitet werden. Das geschieht, indem man vor dem Oboe-Einsatz quasi eine kleine Fermate macht. Aber eine Fermate wäre schon zu lange. Das "Quasi" bekommt man, indem man hier die ersten beiden Viertel ausschlägt, aber wesentlich langsamer als vorher und mit der Drei das alla-breve tempo aufnimmt. Das d auf Zwei als verlängerten Auftakt behandeln:

132ff

Auf das "Rollende" dieses Themas möchte ich hinweisen. Aber es rollt nicht gleichmäßig wie ein Rad, sondern mehr wie eine Elipse oder excentrische Scheibe, wenn man die Töne vor dem tenuto jeweils als Anlauf dazu empfindet. Erst nach zweimaligem Anlauf, wo man es nur bis zum $\bar{\bar{a}}$ bringt, wird der Gipfel $\bar{\bar{d}}$ erreicht, auf dem man nun etwas verweilt.

142 Im 5.Takt S.109 I das tempo fest in die Hand nehmen

146 und vom 3.Takt II vom *f* bis *ff* ein starkes Crescendo machen.

148ff

Der Unterschied im "Gezogenen" und "Rhythmischen" wie-

168 = Ⓖ derholt sich bis 4 Takte vor Ⓖ. Die 4 Takte vor Ⓖ sollen

166–167 "gespreizt" klingen und ab Seite 112 im Tempo vorwärts ge-

trieben werden. Von Ⓖ an hat das Tempo wieder zwiefachen 168
Charakter als allabreve und 4/4. Immer da, wo die Streicher
gleichmäßig markierte Viertel haben, wird man diese auch im
Taktieren etwas markieren. Aber nicht derart, daß man aus der
Bewegung der Halben herausfällt in die 4/4 Bewegung, sondern
nur die Halben-Bewegung unterteilt im Herunter- und Heraufschlagen.

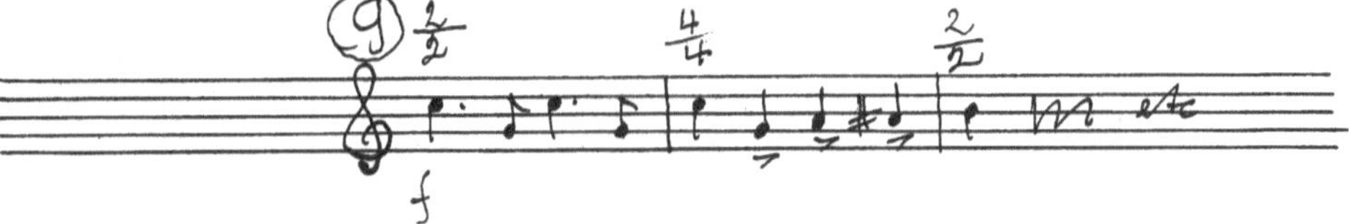

S.114 3.Takt und folgende wird in allen Stimmen auf das letzte 176ff
Viertel zu crescendiert. Die Streicher reißen den Accord
kurz ab.

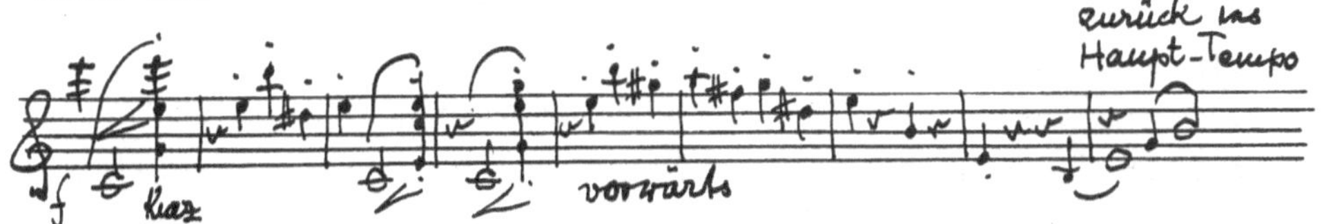

Von Ⓗ an leitet man ins Haupt-Zeitmaß zurück. Für 183
die nun beginnende Reprise gilt das Gleiche, wie vorher für
den Hauptsatz. S.119 wird die Pizzicato-Stelle in Erinnerung 208
an das stringendo der Einleitung beschleunigt. Mit dem fis-
Auftakt zum Thema in H-Dur wird das Tempo abgefangen ins 212
Hauptzeitmaß.

S.120, ab 4.Takt beschleunigen in das Alla-breve hin- 216
ein beim animato.

Bei Ⓛ lasse man die Bläser phrasieren laut Beispiel 244
S.127 II 1.Takt und folgende. Viertel taktieren und die 257
kanonischen Einsätze gut herausholen. Ein Takt vor Ⓜ ritardieren und die 3 letzten Achtel der Bläser immer breit 268 = Ⓜ
nehmen.

267ff

267–270 In dieser Art sind die 4 Takte auf Seite 129 zu ge-
271ff stalten, dann ab S.130 im Tempo. Alle 4 Hörner blasen die 3 Achtel der Holzbläser in den 4 Takten der S.129 mit, II.und IV. Horn eine Oktave tiefer. Von S.130 ab wieder, wie es
279; 285 steht. Ab letzten Takt S.131 Halbe taktieren. Bei (N) nur
= (N) den einen Takt in langsameren Vierteln als vorher im alla-breve Tempo taktieren und im nächsten Takt gleich das alla-breve Tempo von vorher wieder aufnehmen und ja nicht zurückhalten. Erst mit dem "calando" setzt die Beruhigung ein. Vor dem "animato" hebt man das A-B der Bässe mit einem Ritardando besonders heraus.

Nach der Eins im "animato" wird gut abgesetzt. Man geht dann in flüssigen Halben weiter. Im Uebrigen Verlauf, wie früher.

354+355 S.141, 1.und 2.Takt, die Hörner die Triolen der Holz-
356+357 bläser mitblasen lassen, ebenso S.142 1. und 2.Takt.

367 Die Pizzicati der Bässe und Celli nach (Q) recht deutlich.

391 In das Piu Allegro S.148 geht man ohne retardando hin-
395 ein. Um im 5.Takt das "ben marcato" zu erhalten, hält man anfangs etwas im Tempo zurück.

407 Das *ff* im 3.Takt S.150 vorbereiten, indem man vorher etwas zurückhält. Die Accorde breit, und gleichmäßig stark aushalten.

416 Mit dem *ff* Auftakt der Streicher im ersten Takt S.151 erfaßt man energisch ein tempo piu presto und führt dies durch.

447 Vor dem Einsatz des Anfangs-Themas S.154 vorletzter Takt ist ein ritardando sehr wirkungsvoll. Den Schluß dann quasi als Stretta.

II. S i n f o n i e D - D u r

I. Satz. Allegro non troppo

Das I. Thema beginnt im zweiten Takt in den Hörnern. Der scheinbar unwesentliche einleitende Takt der Bässe und Celli hat für den Verlauf der Sinfonie jedoch eine ähnliche Aufgabe, wie das chromatische Motiv der I.Sinfonie. Darüber hinaus ist es außerdem noch Keimzelle für eine Reihe weiterer Themen. Zur Verdeutlichung seien einige Abwandlungen dieses Dreiton-Motivs und die Anfänge der Themen gegeben, die sich daraus entwickeln. Weiteren Metamorphosen nachzuspüren, sei dem Leser überlassen.

Urgestalt des Dreiton-Motivs:

Abwandlungen und Themen, die daraus entstehen:

5. 131

6. 156

5. Viol. S.12 — 6. S.16.

7. 187

8. 236

7. Ob. S.19. in Umkehrung — 8. Viol cfr. 10 S.23

9. 501

10. 497

9. S.47 pizz — 10 Ob. S.46 II tranquillo

11. IV. Satz

12. 206

11. Allegro con spirito S.80. — 12. Fl. S.103. tranquillo

Auf Beispiel 8 und 10 sei hingewiesen, wie allein durch Taktverschiebung und andere Diktion völlig gleiche Intervalle verschiedenen Ausdruck bekommen!

Das Drei-Ton-Motiv wird nach dem letzten Viertel immer abgesetzt, so daß es quasi für sich dasteht. (vergl.Beispiel)

Das Haupt-Thema phrasiert man folgendermaßen:

Die Weiterführung im III. und IV. Horn ebenso. Grundsätzlich gilt für dieses Thema das Folgende: Wo eine Halbe Note an das 3. Viertel angebunden ist, wird dieses 3.Viertel behandelt wie ein Achtel mit Punkt ♪., so daß eine Sechzehntel-Pause entsteht. Bei 3 aufeinander folgenden Vierteln ist das letzte 3.Viertel vollwertig. (Das Dreiton-Motiv aber hat kurzes 3.Viertel!) Somit phrasieren nach diesem Grundsatz die Bläser

14 S.4, I, 4.Takt und folgende:

14ff

S.4, I 7.Takt. Für die Streicher ist folgende Strichart an- 17
gebracht:

Zwei Takte vor (A) ist das verbreiterte Drei-Ton-Motiv 42
"kaum verzögernd" vorzutragen. Bei (A) erscheint seltsamer- 44
weise ein weiteres Thema in D-Dur, wie um die Bedeutung des Drei-Ton-Motivs zu demonstrieren, aus dem es entwickelt ist. Dieses Thema recht fließend nehmend ohne besondere Nüancierung.
Erst S.6 ab 5.Takt sind die kanonischen Nachahmungen heraus- 52
zuarbeiten. Sie werden gut gehört, wenn man das punktierte Viertel jeweils anschwellen läßt. Es ergibt sich dann folgende Phrasierung:

52ff

66 Bei (B) S.7 haben wir eine interessante Abwandlung der vorhergehenden 2 Takte. Man empfindet diese als 6/8 Takt, was durch Bindebogen und Betonung bewirkt wird. Die Oboe bläst nur im gemächlichen 3/4 Takt die gleichen Noten, diesmal gestoßen, und uns so eine ganz andere Welt zu vermitteln. Auf die Wirkung des Wechsels der Taktarten sei jetzt schon hingewiesen. Wir werden später an der betreffenden Stelle näher
59–65 darauf einzugehen haben. Im Uebrigen können die 7 Takte vor (B) als Muster-Beispiel Brahms'scher Verarbeitungskunst angesehen werden. Die Substanz ist das Drei-Ton-Motiv.

82 Vor dem Einsatz des II.Themas bei (C) S.8 ritardiert man ein wenig. Das II.Thema wird folgendermaßen vorgetragen.

Das Thema ist 4 taktig, was durch das geringe Absetzen
118 = (E) im 4.Takt verdeutlicht wird. Vor (E) markieren Bratschen und Fagotte jeweils das erste von den zwei Achteln.

Br. Fag.

114–117

cresc . . . . zurückhalten . . . .

Das "Quasi ritenente" bei (E) bereitet man vor. Es sei davor gewarnt, das "ritenente" zu breit zu nehmen. Das Hauptgewicht liegt auf dem "quasi", und heißt soviel wie "innerlich
134 verhalten." Seite 13, 2.Takt werden die ausgehaltenen Noten der Bläser fp angeblasen und bis zum *ff* crescendiert.

Bei dem nun folgenden Motiv S.13 letzter Takt, wird 137 
nach den Bindebogen stets abgesetzt.

Die letzten Takte von S.15 auf den Abschluß-Accord S.16 149–152
hin etwas vorwärts treiben. Den Abschluß-Accord recht kurz
und dann das ursprüngliche Tempo wieder aufnehmen.
Bei (F) umspielt die Flöte das Thema in folgender Phrasierung: 156

Die Violinen halten in dieser Phrase stets etwas das
164 3.Viertel. S.17 I, letzter Takt.

Die Holzbläser und Horn phrasieren so:
165 S.17 II.1. und folgende.

Die Wiederholung bleibt weg.

Für den nun beginnenden Durchführungs-Teil gilt für die einzelnen Themen oder deren Partikel das Gleiche, wie vorher. Je genauer die Bezeichnungen ausgeführt werden, desto durchsichtiger wird die Themen-Verarbeitung.

195ff Das Drei-Ton-Motiv der Oboe, S.19, wo und wie es erscheint - hier in der Umkehrung - wird stets abgesetzt.

Ein Charakteristikum dieser Durchführung sind die Takt-Verschiebungen, die durch Verkürzung oder Verbreiterung, Engführung und Weitführungen entstehen. Als Beispiel dafür gelte
204ff diese Episode: S.20, I, 5.Takt und folgende.

Die hieraus zu ersehenden **Taktarten** ergeben auch die
Akzente. Auf das Crescendo der **Posaunen** vom 3. zum 4.Takt 226 bis 227
nach Ⓖ sei aufmerksam gemacht, auch Takt 9 nach Ⓖ . Die 232
Streicher nehmen jedes Viertel im Takt 6 und 7 S.23 mit 238+239
Herunterstrich marcato.

S.25 diminuieren Streicher und Posaunen vom 1-4 Takt ins 251 bis 254
pp. Vor dem *ff* der gleichen Seite das Crescendo sehr stark!

Bei Ⓗ ist ein p subito gemeint, d.h. nach dem crescen- 270
do ins p zurückgehen. Auf die Taktverschiebungen Seite 29 284ff
sei aufmerksam gemacht. Seite 30 wird der 4.und 5.Takt zu dem 296+297
sf hin in **allen** Stimmen crescendiert. Das g des sf Taktes 298

in Flöten und Klarinetten denke man sich mit tenuto-Zeichen.

319 Seite 32 phrasieren die I.Violinen, wie folgt:

347ff In den Bläser-Accorden vor (K) hält man etwas zurück.
Im Uebrigen gilt für die Reprise das Gleiche, wie früher.
402 Seite 38, 2.Takt die Bläser auf 3 wieder fp blasen und crescen-
452 dieren. Im 6.Takt nach (M) bringt man die Posaunen etwas breiter.
Die Nachahmung der I.Violinen durch II.Violinen und Bratsche
458ff auf Seite 44 letzter Takt und folgende analog der früheren
Stelle durch crescendo auf dem e hervorheben.
454ff Das Horn-Thema S.44 und 45 hat eine 4 taktige Periode
und ist entsprechend zu phrasieren:

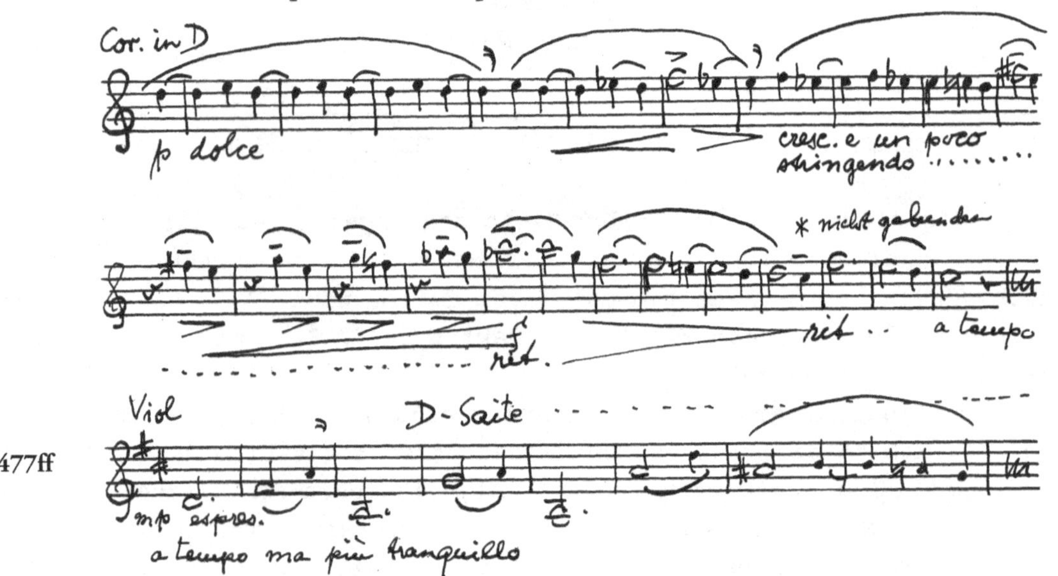

477ff

Flöte und Oboe spielen diese Takte in dieser Tempo-Nüance:
S.47, I, 3.und 4.Takt. 502+503

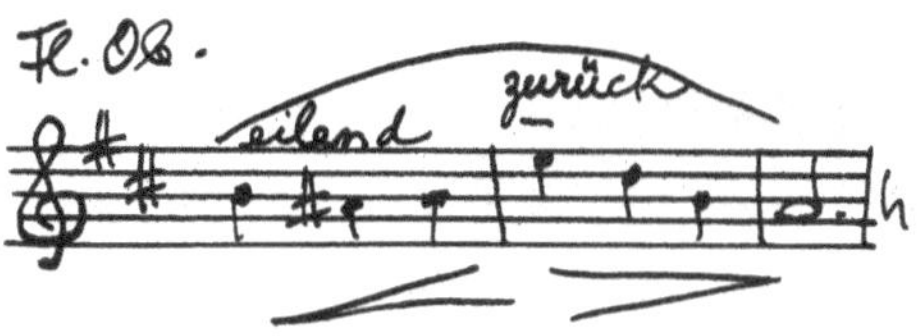

II. S a t z .

Adagio non troppo

Der Aufbau dieses Satzes ist, wie bei allen Mittelsätzen Brahms'scher Sinfonien, sehr klar, daß darüber nichts Besonderes zu sagen ist. Das Thema der Celli ist laut folgender Bezeichnung vorzutragen:

Man beachte im 3.Takt das p resp. pp der Bläser gegenüber dem F der Celli.

Die Violinen phrasieren ebenso wie die Celli. Bei (A) 17
setzt man nach dem ersten Viertel ab. Horn und Holzbläser

beachten die Bindebogen und setzen jeweils darnach ab. Flöten
24ff und Oboen nüancieren S.51, II, 1.und 2.Takt wie folgt:

Wichtig ist bei solchen und ähnlichen Stellen nicht allein das Crescendo, sondern besonders das Descrescendo.

29ff S.52.Ton-Wiederholungen dieser Art verlangen eine kleine Beschleunigung, welche durch das Zurückhalten im letzten Viertel wieder wett gemacht wird. NB! Ohne Ritardando in den 12/8 Takt hinübergehen.

36+40 In der nächsten Episode begegnen wir im 4. und 8.Takt echoartigen Nachahmungen. Diese hebe man aus dem Fluße des Tempos durch freie Gestaltung heraus. Im Uebrigen phrasiere man, wie Beispiel zeigt.

34ff 

S.54 phrasieren die Streicher folgendermaßen. 45ff 

Die Bläser phrasieren und nüancieren analog den Streichern hier und bei den ab (C) folgenden Stellen. Nach den Bindebogen jeweils absetzen. 49 = (C)

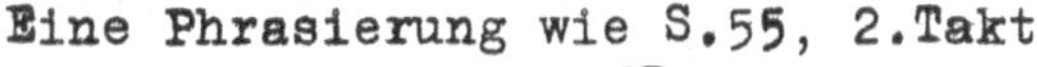
Eine Phrasierung wie S.55, 2.Takt. 50

verlangt das tenuto auf der hohen Note. Seite 56 crescendieren Celli und Bässe jeweils zum C hin, und diminuieren wieder analog den Violinen vorher. 51+52

Den leztten Takt S.57 verbreitert man im letzten Viertel, 54
indem man die 3 Achtel ausschlägt. Auf dem darauf Seite 58 55
folgenden fp verweilt man mit einer kurzen Fermate und nimmt
darnach das Tempo auf Zwei wieder auf. Der 3.Takt nach (D) 59
ebenso. Das mit dem H-Dur S.59 eintretende Suchen nach dem 62
ersten Thema entsprechend zögernd gestalten und erst im letzten 65
Takt mit dem Einsatz von Flöte und Horn das Tempo I fixieren.
Dann vor (E) wieder retardieren und mit dem letzten Viertel 67–68
das Tempo wieder aufnehmen.

Die Geigen phrasieren bei (E) und folgende wie folgt: 68

86 S.63, 1,Takt. Mit dem Einsatz der Hörner und Trompeten das Tempo fest anpacken und energisch durchführen bis zum
97 4/4 Takt S.65. Vor dem Doppelstrich beruhigt man.
89ff Streicher und Bläser setzen Seite 64 nach den Bindebogen immer ab.
91 Der Takt vor (F) wird crescendiert.

94 Ab 3.Takt nach (F) für Geigen und entsprechende Holzbläser obige Phrasierung ausführen lassen.
102+103 Die letzten Takte der Klarinette S.66 recht ausdrucksvoll und das c quasi als kleine Fermate halten.

III. S a t z .

Allegretto grazioso
(Quasi Andantino)

Das Tempo läßt sich gut finden durch das Presto ma non assai (𝅗𝅥=♩)S.69, wenn man dessen Achtel als Sechzehntel 33
im 3/4 Takt mitdenkt. Dann wird auch ein glatter Uebergang erzielt vom 3/4 Takt in die Ganzen des 2/4 Taktes des Presto. Keinesfalls darf hier ein anderes Tempo eintreten, sondern 𝅗𝅥= ♩ ! Um den Kammermusik-Stil dieses Allegrettos zu wahren, läßt man bis zum Presto höchstens 2 Cello-Pulte spielen, oder auch nur 2 Spieler.

abweichend von der Partitur.

Im 3. und 4.Takt S.68 II, verdeutlicht man das Dur und 25+26
Moll dadurch, daß man die Dur-Stelle etwas vorwärts treibt und bei der Moll-Stelle zurückhält. Damit sind die beiden Tongeschlechter zugleich gut charakterisiert als aktiv = Dur und passiv = Moll.

vorwärts zurück

Das Presto wird in den gleichen Vierteln als Ganze
51 weiter geschlagen, bekommt aber bei (A) den 2/4 Charakter, der durch die Akzente gut herauskommt. Genaueste Beachtung der Dynamik macht diese Trio-artige Einschaltung besonders reizvoll. Daß das Thema des Presto nur die rhythmische Umbildung des Allegretto-Themas ist, sei nebenbei bemerkt.
107 Ohne Ritardando geht man ins Allegretto S.73 hinein,
Also keine Tempo-Rückung. Hier gilt dasselbe wie vor-
114 her. Bei (C) phrasieren die Streicher, wie folgt:

126 Das 3/8 Presto S.74 ist nun etwas schneller. Ein Viertel ist nicht gleich drei Achteln ♩. = ♩ . Aber die 3 Achtel hier verlaufen in derselben Schnelligkeit, wie vorher die 4 Achtel des Presto im 2/4 Takt. Folglich ist dieses 3/8 Presto um ein Achtel schneller, was das Taktieren betrifft. Um wieder ins Allegretto Tempo zurückzukehren, dienen die
190–193 4 Ueberleitungs-Takte vor (E) S.77. Die Zwei 9/8 Takte vorher sind noch streng im Tempo zu nehmen. Sie stellen ja nur eine dreitaktige Periode im Verlauf der 4 taktigen Periode dar.

194 = (E)

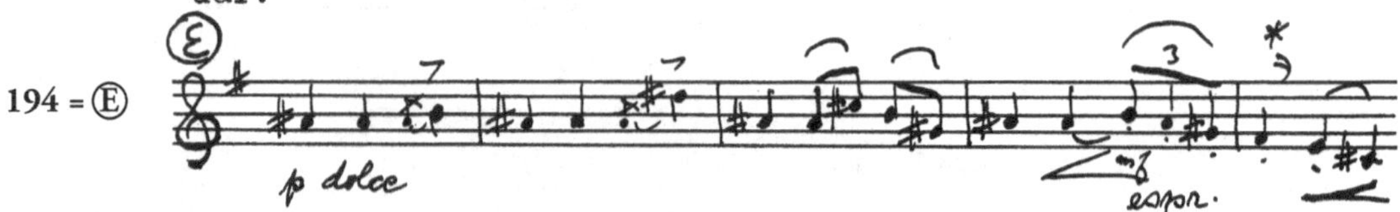

Im obigen Beispiel sei auf die von der Partitur bezügl. Phrasierung abweichenden 2 Takte aufmerksam gemacht.

S.77 und 78. Die Violinen phrasieren laut Beispiel. Das pp 205ff
im 3.Takt ist als pp subito gedacht. 207

Im 3. und 4.Takt nach (F) wird das Dur und Moll durch 221+222
die Tempo Nüance wie bei der ersten Stelle unterstrichen. Die Accorde im dritt- und vorletzten Takt trennt man. 238+239

Für den Vortrag dieses Satzes gilt: Delikatesse im Kammermusik-Stil.

IV. Satz.

Allegro con spirito

In der Gestaltung ist dieser Satz infolge seiner klaren und einfachen Themen und streng formalen Verarbeitung nicht so schwer, wie etwa der IV.Satz der I.Sinfonie. Er läuft gewissermaßen von selbst. Es erübrigten sich deshalb lange und breite Ausführungen. Außerdem glaube ich durch die vorangegangenen Ausführungen gewisses Typisches und Charakteristisches der Brahms'schen Phrasierung so dargelegt zu haben, daß man ohne weiteres nun selbst auf die richtige Phrasierung kommen kann. Trotzdem will ich der wohl auch hier willkommenen Chronistenpflicht bezüglich der Steinbach'schen Bezeichnungen nachkommen und seine Bemerkungen dazu wiedergeben, denn schließlich gibt es für Brahms'sche Interpretation eben doch kein Schema.

Im ersten Takt des Allegro ist die Achtel-Pause zu beachten. Die halbe Note vorher darf aber nicht zu kurz ausfallen, wie man es oft hört. Die dynamische Bezeichnung ist "p sotto voce". Erst beim Einsatz der Flöten und Klarinette
S.81 gehen die Streicher ins pp zurück. Das ganze Thema wird 13
ohne Ausdruck und ohne irgendwelche Nüance - mit Ausnahme

des wenig betonten cis - vorgetragen. Erst die Bläser nüan-
13ff cieren so: S.81 I.

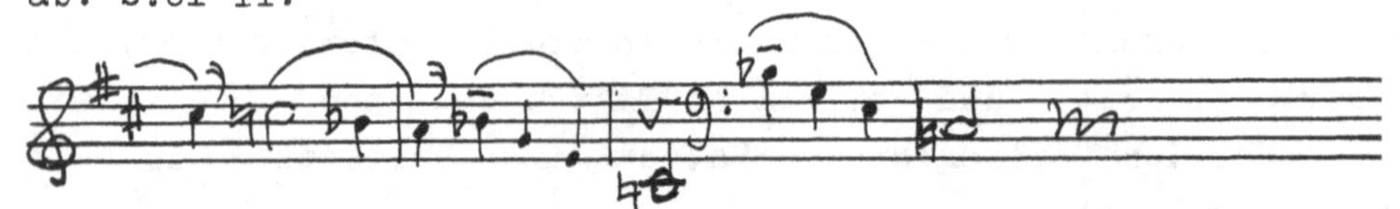

Dann erst nehmen die Streicher die gleiche Nüance den Bläsern
17ff ab. S.81 II.

23 = (A) Vor (A) wird etwas zurückgehalten. Mit (A) festes Tempo.
30+31 Die letzten 2 Takte Seite 82 auf Eins und Drei akzentuieren die I. und II.Violinen:

48 S.85 vorletzter Takt muß das 2. Viertel gut herauskommen.

56 Bei (B) phrasieren die Bläser wie folgt:

60ff Das auf S.87 einsetzende Klarinetten-Motiv ja nicht verlangsamen!
64+65 Seite 88, 3. und 4.Takt in folgender Nüance:

Das "largamente" bei Ⓒ wird durch ritardando vorbereitet. 78

Wo nach dem Bindebogen nicht abgesetzt wird, hat das Viertel am Ende des Bogens zur Verdeutlichung das tenuto-Zeichen. Die Antwort der Bläser S.90 II und folgende ebenso. 86ff
Ab S.91 I, 1.Takt und folgende werden folgende Crescendi hinzugefügt. 90ff

Wo diese Figur erscheint, lasse man die ungebundenen Noten recht staccatissimo spielen. 102–105

S.94. Der III. Horn-Einsatz im 5.Takt *ff* ! Die Bläser- 118
Rouladen ab Ⓔ recht flüssig und die zwei letzten Takte der 122 = Ⓔ; 130+131
S.95 II vorwärts treiben bis Ⓕ . Mit Ⓕ ins tempo zurück. 138 = Ⓕ
Im 5.Takt darnach kommt eine Episode mit 4/4 Charakter, der 142ff
man durch die entsprechende Betonung der Viertel gerecht wird. Deshalb natürlich keine Tempo-Verbreiterung.
Das p nach dem crescendo vor Ⓖ ist als p subito gedacht. 153; 155 = Ⓖ
An der Durchführung gelten für Themen oder deren Partikel

170 die gleichen Bezeichnungen wie früher. Bei Ⓗ crescendieren
auch die Bläser wie die Streicher.
197ff S.101 vorletzter und folgende Takte werden die rhythmischen
Verschiebungen durch Akzente verdeutlicht:

206 Das Tranquillo S.103 wird durch Verbreiterung des vor-
221 = Ⓚ hergehenden Taktes eingeleitet. Vor Ⓚ S.104 ein diminuendo.
Die Episode von Ⓚ ab ist zunächst zwei-taktig. Mit der Ver-
234ff breiterung des Themas S.105 (Flöte, Klarinette, Posaune)
werden die Perioden unregelmäßig.
241–243 Die 3 Takte vor der Reprise S.106 benutzt man, um das
Tempo ins Hauptzeitmaß zurückzuführen. Für die Reprise gilt
das Gleiche, wie im Hauptsatz.
333 Ab 2.Takt S.115 die Bläser-Rouladen vorwärts treiben
341 und mit den Synkopen-Takten S.115 II das tempo wieder ab-
fangen.
353–357 Von Ⓞ bis 3.Takt S.118 exclusive spielen die Streicher
am Steg, um dieser Stelle eine besondere Farbe zu verleihen.
387 Bei Ⓟ "schwer und zurückhaltend". Das wird gut erreicht, wenn
man schon den Auftakt dazu gewichtig nimmt gemäß der früheren
391 Ausführungen. Von den laufenden Achteln ab 4.Takt S.122 verträgt das Tempo eine gemächliche Beschleunigung bis zu einem
405 Molto Allegro im 4.Takt S.124. In diesem Molto Allegro die
408+412 Takte jeweils 4.Takt der Periode mit Pause der letzten zwei

Viertel crescendieren und abreißen lassen. Damit vor allen
Dingen die Achtel der Hörner und Trompeten auf S.127 deut- 421–424
lich bleiben, darf nicht geeilt werden. Den letzten Takt
bringt man etwas verzögert und hält nicht zu lange aus.

III. Sinfonie F-Dur

Diese Hans v.Bülow gewidmete Sinfonie wird in manchen Kreisen als die "Eroica" von Brahms angesprochen. Für den letzten Satz mag dieses Prädikat vielleicht gelten, keinesfalls aber für die Mittelsätze, und auch der erste Satz verträgt dieses Epitheton - schon der Tonart wegen - nicht. Ein heroischer Vorwurf braucht nicht gerade im Es-Dur der Beethoven'schen "Eroica" komponiert sein, andrerseits kann aber ein solcher unmöglich in F-Dur seinen Ausdruck finden. Tonarten sind ja nichts Willkürliches und Zufälliges. Daß Beethoven seine Pastorale in F-Dur und seine Eroica in Es-Dur komponiert, entspringt aber dem feinen Gefühl für den Klangcharakter der Tonarten.

Ich würde diesen Umstand hier nicht erwähnen, wenn solche programmatischen Unterlegungen nicht auch zu falscher Interpretation führen würden, wie man das öfter hören kann. Mit Gedanken an das Heroische gestaltet man ein Thema entsprechend. Da werden gleich die Anfangs-Akkorde der Sinfonie mit heroischem "Einschlag erdröhnen", während das simple forte ohne Crescendo die richtige Vorbereitung für das Thema ist. Mit dem Thema wird man sich vergeblich abmühen, es heroisch zu gestalten. Denn es ist, nach Aussage von Brahms selbst, dem Berchtesgadener Jodler wörtlich abgelauscht. Damit zerplatzt die programmatische "heroische" Deutung wie eine Seifenblase, und der Weg ist frei für eine sinngemäße Interpretation.

Ich habe vorher absichtlich die Tonart F-Dur der Beethoven'schen Pastorale angeführt. Und Brahms empfindet einen naturhaften Jodler im schönen Berchtesgadener Gebirge ebenfalls als "pastoral" in F-Dur. Damit ist wohl zur Genüge die Unhaltbarkeit einer heroischen Auffassung dieser Sinfonie aufgezeigt.

Die einleitenden Akkorde sind im einfachen Forte zu nehmen ohne jegliches Crescendo zum Thema hin. Aehnlich wie die Eingangs-Motive der I. und II. Sinfonie erhält auch hier die Tonfolge im Verlaufe der Sinfonie thematische Bedeutung. Gegebenenorts wird darauf hingewiesen werden.

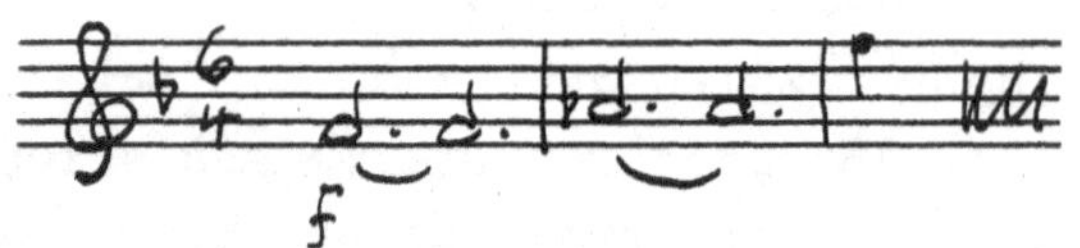

Das Thema selbst soll nach den vorhergehenden Ausführungen also keinen heroischen Ausdruck aufgezwungen erhalten, sondern als das gespielt werden, was es ist. So wird man die ungebundenen Noten nicht kurz und energisch, sondern tonlich gestalten, was im Beispiel die tenuto-Zeichen besagen sollen. Gebundene Noten mit Kurz-Punkten auf der Note sind mehr als portamento-Zeichen zu betrachten und entsprechend vorzutragen. Also ja nicht kurz, sondern "espressivo" wie
10 es im Beispiel angezeigt ist. Nur im ersten Takt S.3 sind das 5. und 6.Viertel kurz und energisch zu spielen. Die Bläser
13 beachten im 4.Takt S.13 die Brahms-typische Phrasierung mit gehaltener hohen Note. Im Uebrigen sei auf das Beispiel verwiesen.

Seite 7, 1.Takt spielen die Geigen das letzte Viertel 19
nach den Triolen recht kurz, ebenso das nächstfolgende erste
Viertel, damit diese Phrase nicht schwerfällig klingt. Ein
Takt vor (B) wird ein allgemeines Crescendo gemacht. Die 22
Bläser phrasieren von (B) als wie vorher die Streicher. Der 23 = (B)
4.Takt nach (B) soll p subito gebracht werden, und der 5. 26; 27
und 6.Takt mit leichtem letzten Viertel, wie vorher die gleiche +28
Stelle in der Triolen-Fassung. Die Bläser beachten das Gleiche
im 2.Takt S.10 I. Der Uebergang zum 3/4 Takt wird frei ge- 32
staltet.

Der 3/4 Takt selbst ist etwas ruhiger. Um das pp der recte 9/4
Wiederholung im 3.Takt gut abgestuft herauszubringen, läßt
man das Thema zuerst wohl mezza voce, aber klangvoll vortragen. Dann wirkt das pp gut.

36ff

Die großen Bogen sind die Atembogen dieses Themas.

Für die Bläser gilt die gleiche Phrasierung in der Wiederholung des Themas, wie vorher für die Streicher.

44 Bei (C) könnte man sich ein "a tempo" denken, weil hier das Tempo innerlich bewegter ist. Mit dem ausklingenden pp ist man vielleicht etwas ruhiger geworden, was ganz richtig ist. Das Thema bei (C) verlangt aber wieder flüssiges Tempo. Es ist dies eine von den vielen Selbstverständlichkeiten, wenn man sie ausspricht, das Subtile einer kleinen Tempo-Verschiebung vergröbern. Man darf bei derartigen Stellen nicht das Gefühl zweier verschiedener Tempi haben, sondern nur den Eindruck des langsameren und schnelleren Charakters des Tempos. Der fließende Strom darf nicht plötzlich wie durch ein Wehr aufgehalten werden, um dann hinunterstürzend weiter zu rasen. Tempo-Modifikationen, wie sie hier gemeint sind, lassen sich vergleichen mit dem Schnelligkeitswechsel eines Stromes, der entsteht durch Verengung oder Verbreiterung der Ufer, nicht aber durch plötzlichen Wechsel des Gefälles.

43 Vor (C) S.11 achte man darauf, daß die Sechzehntel der Flöten und Bratschen nicht als Achtel verludert werden, sonst ist die Achtel-Pause verloren.

Das hier im Beispiel folgende Thema kommt in seinem Legato-Charakter gegenüber dem vorhergehenden scherzando-haften Thema gut zur Geltung, wenn man den vorhergehenden Takt,
46 S.12 1.Takt, etwas beschleunigt. Nach dem schon früher angewandten Rezept wird der mit der Viertel-Pause gewollte Einschnitt gut erzielt, wenn man die ersten zwei Viertel austaktiert und mit Zwei das Tempo aufnimmt. Dann bekommt auch der Auftakt e zum dis hin die nötige Breite.

49 Mit dem 6/4 Takt S.12, bringt die Oboe die Intervall-Folge der Einleitungs-Akkorde thematisch. Um es gut zu hören, muß man der Oboe etwas Zeit lassen, damit sie dieses Motiv tonlich gut herausbringt. Sie muß den Ton "spinnen" können! Aber schon mit ihrem dis ist das Tempo wieder herzustellen, so daß der Pizzicato-Auftakt präzis im fließenden Tempo kommt. Hier beachte man die akzentuierten Auftakte laut Beispiel.

47ff

Die großen Bogen sind gewissermaßen die Atembogen und deuten darauf hin, was zusammenzufassen ist.

Vor (D) ist es gut für die Präzision, der Stelle (D) in 59
Achtel-Schläge überzugehen. Das Tempo darf dadurch nicht verlangsamt werden. Deshalb können die Achtel nur ganz kurz und
präzis gegeben werden. Zwei Takte nach (D) betonen Celli und 60
Bässe wieder das 6.Viertel, also den Auftakt. Die Achtel-Läufe mit "leggiero" bezeichnet sind gleichmäßig und leicht zu spielen, wie vorher auch schon an der analogen Stelle
Seite 12. Im 3.Takt nach (D) taktiert man wieder Alla-breve. 61
Die Triolen-Passage ist stets mit folgenden Akzenten auszuführen.

63f

Der I.Teil wird wiederholt.

Zwischen (D) und (E) führt Brahms einen wütenden Kampf 59+77
gegen den Taktstrich, der bei (E) endlich entschieden ist zu 77
Gunsten des früheren A-Dur Themas. In der Hitze des Gefechtes gebärdet sich das friedliche A-Dur Thema jetzt aber sehr wild und aufgeregt in cis-moll. Die Periode ist wieder zweitaktig. Es gelten die großen Bogen wie vorher in A-Dur.

Die Achtel der Violinen S.22 sind wie folgt zu akzen- 87ff
tuieren. Die übrigen Streicher machen diese Akzente mit.

Das Horn-Solo bei (G) braucht keine Tempo-Verbreiterung, 101
wie vorher die Oboe, wo dies Motiv verkürzt erschien.

112 = Ⓗ Das "poco rit." vor H nur wenig. Das "Un poco sostenuto" wird alla-breve dirigiert, also nicht zu langsam.

120 Vor dem Tempo I.S.27 geht man in ritardando in 6/8 Schläge über.

Mit Tempo I S.27 setzt die Reprise ein, für deren Verlauf das Gleiche gilt, wie im Hauptsatz. Nur läßt man hier
122f mit dem Posaunen-Einsatz allgemein crescendieren bis zum *ff*, geht dann aber wieder ins einfache *f* zurück.

183 S.40, 5.Takt soll das Thema einen etwas aufgeregten Charakter haben im Hinblick auf das folgende "Strepitoso",
187 das in der Achtel-Bewegung bei Ⓛ zum Ausdruck kommt. Das Tempo verträgt hier eine kleine Beschleunigung schon mit dem Einsatz des Haupt-Themas.

194 Im 2.Takt S.43 gilt es, das Tempo wieder aufzufangen, wobei die erste Takt-Hälfte noch dahinstürmt und die zweite wieder im Haupt-Zeitmaß ablaufen soll. Solche Tempo-Nüancen sind besonders im Alla-Breve nicht leicht, wo man eigentlich keine Möglichkeit hat, diesen Wechsel mit dem Taktstock darzustellen. Sie können nur durch öfteres Proben erreicht werden. Hier hat man eine kleine Hilfe darin, daß man die Streicher das 5.und 6. Viertel zwei Mal hintereinander Herunterstrich nehmen läßt, auch in den folgenden drei Takten, S.43 2.Takt.

194ff

Wichtig ist hier, daß die Viertel-Pause schon die Länge des langsameren Tempos hat, damit ein deutlicher Einschnitt entsteht.

201 Bei Ⓜ crescendieren alle Instrumente analog den Streichern.

Dieses Motiv nach (M) wird abgesetzt, indem das letzte Achtel als Sechzehntel behandelt wird. Man ritardiert erst im 3.Takt S.47 und verzögert den Einsatz des IV.Hornes und der Bratschen zur Verdeutlichung. Mit dem F-Dur wird das Haupt-Tempo wieder aufgenommen und folgendermaßen phrasiert. 214

II. S a t z .

A n d a n t e

Dieser Satz bedarf in seiner liedmäßigen Anlage keines weiteren Kommentares. Nur auf einige Nüancen sei aufmerksam gemacht.

Ohne den Fluß dabei zu unterbrechen kann man das jeweilige Echo, wie es zum ersten Mal im 4.Takt S.49 auftritt, 4
etwas verlangsamen und zwar derart, daß man auf dem 3.Viertel etwas verweilt.

Das Thema bei (C) nimmt man etwas ruhiger in folgender 41 = ©
Phrasierung:

Im 4.Takt ist ein kleines accelerando angebracht, das 44
man mit einem tenuto auf dem letzten Viertel des gleichen Taktes wieder gut macht.

Im 2.Takt S.52 II nimmt mit dem 8 $\frac{\text{tel}}{}$ Thema der Strei- 50
cher das ursprüngliche Tempo wieder auf.

Die folgende Episode - siehe Beispiel - verlangt viel Sorgfalt. Das Tempo ist wieder ruhiger. Alle Noten sind mit tenuto-Zeichen zu denken. Die Töne dürfen aber nicht hinübergebunden werden, sondern müssen für sich darstehen. Damit der Ausdruck etwas Eisiges oder Silbernes bekommt, ist jedes Vibrato der Streicher zu unterlassen.

56ff

ruhig

63 Mit dem bei (D) wieder aufzunehmenden fließenden Tempo ist warmer Ausdruck da. Die das Thema umspielenden Geiger phrasieren so, daß sie stets das zweite Achtel der "Triole" betonen. Also, so wird nicht die Auflösung betont, sondern stets der Vorhalt oder die Durchgangsnote.

80 Vor dem Höhepunkt (E) S.57, steigert man das Tempo
etwas, um dann wieder bei dem Suchen nach dem Thema, wie
diese Episode nach (E) anmuten kann, zurückzuhalten. Wenn
84 das Thema dann gefunden ist, S.58 2.T. Auftakt, dann wie
aufatmend im ursprünglichen Tempo weitergehen.
108 Bei (F) spielen die Geigen sehr ausdrucksvoll und mit
Ton, ungeachtet des p. An anderer Stelle sprach ich schon
vom "Spinnen" des Tones durch ein Crescendo und wieder Abnehmen gegen Ende des Taktes zu. Die ganze Episode bei (F)
muß eine ruhige Breite und Größe haben. Die beiden letzten
112+113 Takte S.63 vertragen als Steigerung einen drängenden Ausdruck.
116 Bei (G) eisige Ruhe wie früher.
121 Das Baß-Pizzikato vor dem Epilog S.65 1.T. deutlich
angeben lassen.

Das Crescendo der Posaunen und Hörner das erste Mal bis zum mf, das zweite Mal weniger stark:

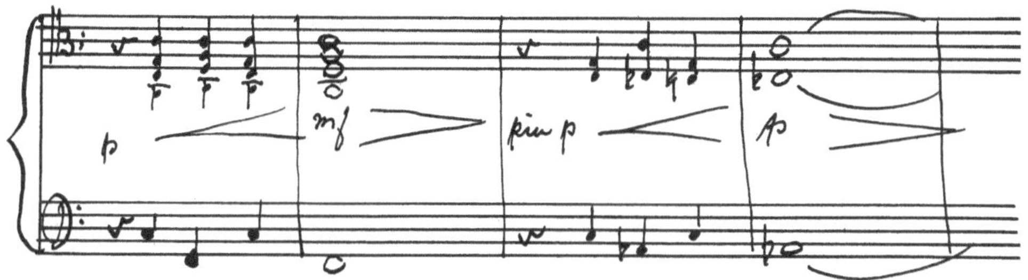

III. S a t z .

Poco Allegretto

Dieser dritte Satz hat den Charakter eines Notturno, und muß dementsprechend gestaltet werden. Die Begleitung sei immer sehr zart und duftig, die Melodie meist "mezza voce", aber espressivo dabei. Vor allen Dingen dürfen die Celli nicht zu sehr ins Zeug gehen und auch bei Forte-Stellen nicht den Ton drücken, sondern immer mit "viel Luft" im Bogen spielen. Im Verlauf des ganzen Stückes darf es eigentlich zu keinem *f* kommen.

Für diesen einfachen und klaren Satz genügen wenige Hinweise.

 7ff

Zur Belebung des Themas geht man, wie im Beispiel angezeigt, etwas vorwärts und beruhigt im Quintolen-Takt das Tempo wieder. Dasselbe gilt für alle Wiederholungen des Themas.

Bei (A) alles sehr zart, zumal die Celli. Die A-Saite 24
verleitet leicht zu einem zu dicken Ton. Hier gilt "Luft im Bogen" ganz besonders.

S.70, II.Violinen und Celli phrasieren so, wie es das Beispiel zeigt. Vor allen Dingen möge das Absetzen deutlich sein, damit das sich wiederholende kleine Motiv nicht im Strome untergeht. Die erste Wiederholung ist mf, die zweite p.

36ff 

52 Bei (C) macht man nach Eins einen deutlichen Einschnitt. Das nun folgende Trio hat einen Scherzo-Charakter und könnte mit "scherzando" bezeichnet sein. Das Tempo darf deshalb etwas schneller sein als vorher im Notturno. Wenn man das zweite Achtel recht kurz nimmt, wie Beispiel zeigt und das dritte Achtel betont, wird das scherzando-hafte erreicht.

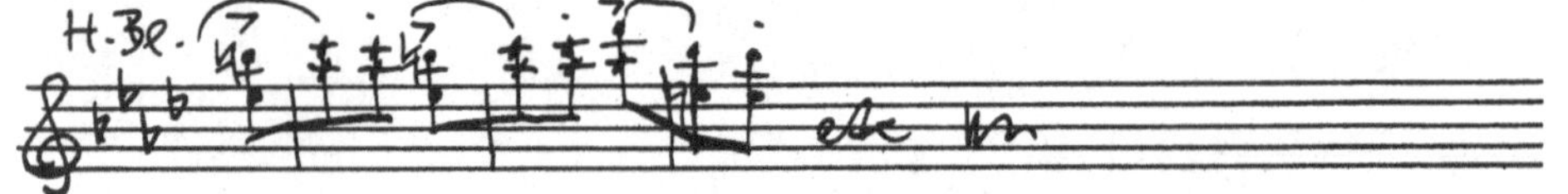

58 Vom dritten Achtel des 2.Taktes S.72 II ab, läßt man pp spielen, daß die Nachahmung des vorhergehenden Motives echoartig wirkt. Zugleich kann man im Tempo etwas zurückhalten,
62 = (D) das aber mit dem Auftakt vor (D) wieder "scherzando" aufgenommen wird.

69ff 

Diese Episode belebt man durch die angegebene Tempo-Nüance. Auch muß sie aus dem Strome etwas herausgehoben werden. Durch den verlängerten Auftakt gis wird dieses ohne weiteres erreicht.

78; 77=(E) Mit dem Auftakt der Bläser nach (E) wird das Tempo wieder aufgenommen.

86ff Die Wiederholung der obigen Episode S.74 II wird jetzt ganz ohne Ausdruck vorgetragen.

Das c-d vor der Fermate S.75 recht ruhig nehmen. Für 97
die Wiederholung ab (F) gilt das Gleiche wie früher. 98
Bei (J) S.80 setzt man nach Eins gut ab. Ebenso im 150
5.Takt. Die hierauf folgende rhythmische Verschiebung als 155
2/8 Takt, verdeutliche man etwas durch entsprechende Betonung.

IV. S a t z .

A l l e g r o

Das Thema dieses Satzes läuft sotto voce und ohne jeglichen Ausdruck und Betonung ab bis zum 5.Takt. Der Auftakt hierzu erhält eine kleine Betonung. Damit diese deutlich wird, lasse man den Auftakt lieber nach der Triole hin verlängern, als daß ein Sechzehntel daraus wird.

4ff

Auch in diesem Satze genügen nur wenige Hinweise. Ueber die Gestaltung selbst ist nicht viel zu sagen. Sie ist hier absolut eindeutig und wird am Besten ausfallen, wenn man sich korrekt an Vorschriften und Bezeichnungen des Komponisten hält.

S.91, 4.Takt muß der B-Dur Akkord sehr kurz sein, damit 70
die Viertel-Pause als deutlicher Einschnitt wirken kann.

Der Auftakt vor (E) S.92, ist richtig. Wird er zu 75 = (E)
kurz genommen, bekommt diese ganze folgende Episode nicht die
nötige Kraft und Energie. Man beachte auch, daß die letzten
2 Achtel in den Takten (E) 1-3 nicht abfallen, sondern gleich- 75–77
mäßig stark gebracht werden.

Vor (F) haben wir zwei Takte lang den Charakter von 89+90
4/4 im Alla-breve. Die Viertel sind deshalb gleichmäßig markiert zu bringen, wie die Partitur es vorschreibt. Das Tempo bleibt ständig zügig.

Bei (H) spielen die Streicher am Steg bis zum *f* Ein- 134–141
satz S.101. Das zügige Tempo gilt vor allen Dingen hier von

141ff Seite 101 ab und folgende. Obwohl wir schon vor (K) im *ff*
171 angelangt sind, crescendieren wir noch einen Takt vor (K) in allen Instrumenten zum Höhepunkt hin.
Für die Reprise gilt dann wieder das vorher gesagte.

253 Bei den auf S.123 beginnenden Triolen-Episode beruhigt
261 = (O) man das Tempo. Die Sechzehntel-Figuren der Streicher bei (O) S.125 werden so gespielt, daß man das erste Sechzehntel etwas hält, quasi tenuto.

267 Das S.126 neu in der Partitur auftretende Tempo "Un poco sostenuto" muß organisch aus dem Vorhergehenden herauswachsen und immer den Alla-breve-Charakter beibehalten. Es darf keinesfalls dem Hörer als ein neues Tempo auffallen.

Auch hier lasse man die Sechzehntel auf Eins und Drei etwas halten, um die harmonische Grundlage zu verdeutlichen.

301ff Das im 3.Takt und folgende S.134/35 in der Sechzehntel-Bewegung aufgelöste Thema des ersten Satzes muß deutlich gehört werden.

IV. Sinfonie E-moll

I.Satz. Allegro non troppo

Für das Haupt-Thema dieses Satzes müssen wir die Brahms-typischen Nüancen anwenden, um es richtig zur Geltung zu bringen. Hier gilt das über den verspäteten Taktstrich bei Brahms Gesagte. Es soll stets der Auftakt betont und der gute Takt-Teil auf Eins weniger betont sein. Denkt man sich den Taktstrich um ein Viertel vorgerückt, so ist richtig phrasiert, und es ist gut, wenn man sich das Thema auf solche Weise durchdenkt. In der Steinbach'schen Bezeichnung sieht das Thema dann folgendermaßen aus:

p dolce

S.4 II, 2.Takt und folgende, begegnen wir "langen" Auf- 13ff
takten, d.h. die Achtel dürfen nicht verschluckt werden.
Brahms drückt das nur dynamisch durch sein Diminuendo-Zeichen
aus. Die Achtel-Auftakte bedürfen aber noch der temporalen
Unterstützung durch ein "tenuto", dessen Anwendung und Aus-
führung aus dem Früheren wohl zur Genüge auseinandergesetzt
worden ist.

13ff

Die Begleitung des Themas sieht in Celli und Bratschen etwas nach Klaviersatz aus. Es ist hierbei wichtig, daß die beiden Instrumenten-Gruppen gut ineinander übergehen, wobei zu beachten ist, daß die Bratschen tonlich nicht abfallen.

Bei (A) ist das Thema in erste und zweite Violine auf- 19
geteilt und in Achtel-Oktaven aufgelöst. Man beachte hier
die verschiedene Nüancierung. Entgegen der ersten Fassung
wird hier (die 4 Takte nach (A)) durch das <> auf Eins 19–22
hin die Eins betont, aber im 4.Takt wieder wie vorher das 22
letzte Viertel. Die Betonung auf Eins geschieht hier als
Gegengewicht zu dem übergehaltenen vierten Viertel der Bläser.

S. 6 I, 2. und 3.Takt, auch II, 2. und 3.Takt sollen die 31+32;
Achtel-Auftakte gut gehalten werden, wie vorher. 37+38

In dem Takt vor und bei (B) wird nach der Eins jeweils 45 = (B)
ein Einschnitt gemacht, d.h. das Viertel auf Eins ist kurz
und als Achtel zu behandeln. Die Nachahmung des Geigenmotivs

zuerst in Celli und dann in den Hörnern ist herauszuholen.

44ff

57 Das Thema bei (C) S.8 ist mit folgenden Phrasierung-Bogen zu denken, nach denen quasi zu atmen ist.

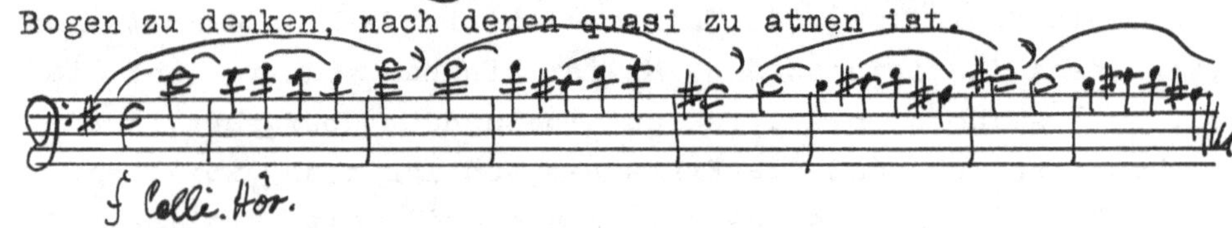

Die Wiederholung in den Streichern ebenso.

76 In den fließenden Alla-breve-Strom stellt sich S.9, 6. Takt ein 4/4 Takt hinein, der durch gleichmäßig betonte vier Viertel mit breiten großen Strichen verdeutlicht wird.

75f
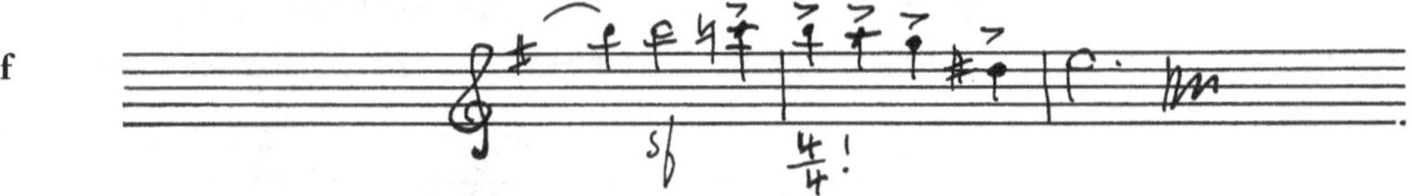

80 Das Pizzikato S.10, 3.Takt wird ff genommen. Ein Takt
86; 87= (D) vor (D) diminuiert man bis zum mf bei (D) und crescendiert
90 wieder. Der dis-Auftakt im 4.Takt nach (D) ist ein langer Auftakt und muß der Geigenstelle die nötige Breite geben. Man bindet nur zwei Noten im Interesse des großen Tones.

90ff
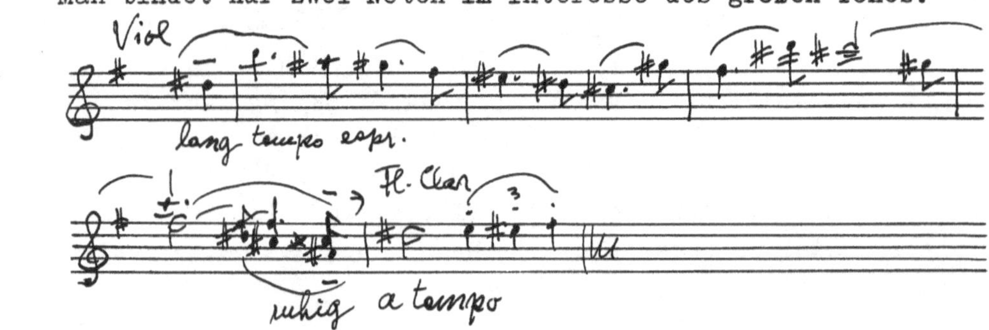

Das cisis-ais vor dem Thema-Einsatz der Flöte, Klari- Vl 1+2
nette und des Horns S.11 II, soll gut zu hören sein. Man nimmt 94
diese deshalb nicht zu kurz und macht vor dem Thema eine
kleine Atempause. Die Celli müssen beim a tempo gut hörbar 95
und rhythmisch sein. Von ihnen hängt die Präzision der nachschlagenden Instrumente wie überhaupt der ganzen Stelle ab.

Der Oboe-Einsatz im letzten Takt S.11 II, kann mf sein, 98
weil sonst der Klang gegenüber den drei vorher Melodie-tra-
genden Instrumenten zu dünn ist.

Vor (E) blasen die Trompeten für die übrigen Instrumente 107–110 = (E)
bei (E) vorbildlich im Rhythmus. Die Streicherpassagen vor 107–110
(E) ohne jeglichen Ausdruck.

117–119

In diesen Streicherpassagen soll der chromatische Fortschritt gehört werden. Die tenuto-Zeichen sollen diese Wirkung unterstützen.

S.15. Die Hörner und Trompeten S.15 gegenüber den Streichern 119–121
nicht zu stark.

In den Triolen S.17 und folgende ist immer die letzte Note 127–132
des Taktes betont.

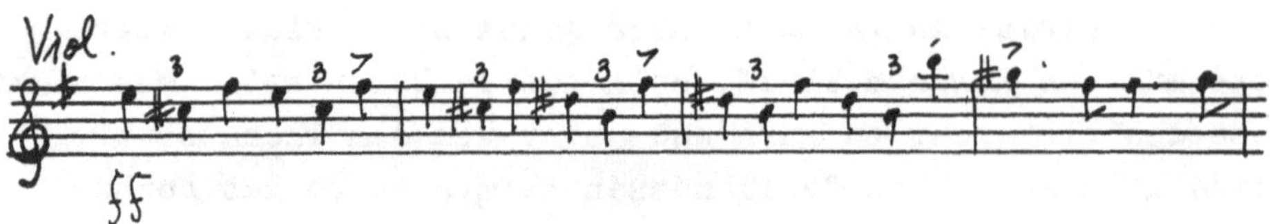

137=Ⓕ Bei Ⓕ beginnen zwei 4 taktige Ueberleitungs-Perioden zum Haupt-Thema, die man jeweils durch eine kleine Fermate, oder besser durch ein Ritardando von einander trennt. So ritardiert man ein Takt vor Ⓕ und im 4. und 8.Takt nach Ⓕ.

144 Dann nimmt man mit dem Haupt-Thema das ursprüngliche Tempo auf.

153+154 Vor Ⓖ S.20 ist zu beachten, daß dieses Motiv zunächst ohne Crescendo auszuführen ist.

153 Vl 2

154 Vl 1

157= Ⓖ Bei Ⓖ spielen die Bläser recht ausdrucksvoll, beachten aber, daß im 3. und 5.Takt S.21 I, kein Crescendo steht! Die Streicher behandeln ihre Passagen "leggiero", also ohne Ausdruck und Nüance.

172 S.22, I, muß mit dem letzten Viertel des 3.Taktes das Motiv, das vorher Oberstimme war, in den Bässen und Celli deutlich hervortreten. Dabei betone man stets das letzte Viertel des Taktes.

183 Die Akkorde in dem Takt vor Ⓗ S.23 sind gut zu trennen.

190ff Fl

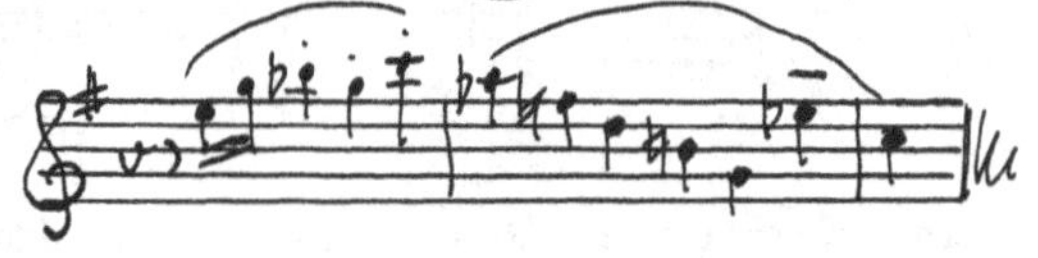

191 Das letzte Viertel der Triole im 3.Takt S.24 I, "es" in Flöten, Klarinetten, und Fagott hat Themtische Bedeutung und ist entsprechend zu verdeutlichen.

Die Crescendi in den Takten mit ganzen Noten, S.24 II,
195; 199; 1. und 5. und 7.Takt dürfen nicht stark ausgeführt werden.
201 Der Piano-Charakter dieser ganzen Stelle muß gewahrt bleiben.

Bei (I) beachte man das *f* der Trompeten gegenüber *ff* der übrigen Instrumente. Die Trompeten dürfen deshalb aber nicht matt klingen. 206

S.26, 4.Takt. 210

Dieses Motiv soll hier so ausgeführt werden, daß die hohe Note nach den Sechzehnteln recht kurz und scharf kommt.

Im 4. und 4.Takt S.27, läßt man die Hörner, wenn sie nachschlagen, nur mf blasen. 214+215

S.28, II, phrasieren Oboen und Klarinetten, wie folgt. 

Und nun kann die Episode ab (K) ganz frei gestaltet 227
werden und muß im Ganzen bis zum ppp vor (L) abnehmen. Die 243
erste Hälfte des Taktes wird man jeweils etwas dehnen, damit der Ton der halben Note mit dem Crescendo schön "gesponnen" werden kann. Die Achtel der zweiten Takthälfte dann etwa im Tempo.

Fl.

frei

227 Fl

228 Va

Der Klang der Celli S.30, 1.Takt ist den vorhergehenden Bratschen gut anzupassen und vor allem darauf zu achten, daß die Celli nicht zu stark wirken. 243

Das verbreiterte Haupt-Thema bei (L) ist hier eitel 246
Ruhe! Vor dem Einsatz des ganzen Orchesters im 4.Takt nach 249
(L) wird abgesetzt.

Die Streicher geben dem g-gis im 3. und 4.Takt ihrer Passage einen kleinen Druck zur Verdeutlichung. 251+252

257+258 Ebenso betont man bei der zweiten Stelle in gleicher Weise das e-f.

249ff

Diese Passage ist jeweils im Haupt-Zeitmaß zu bringen, während man die 3 Takte des verbreiterten Themas etwas ruhiger nimmt.

246ff

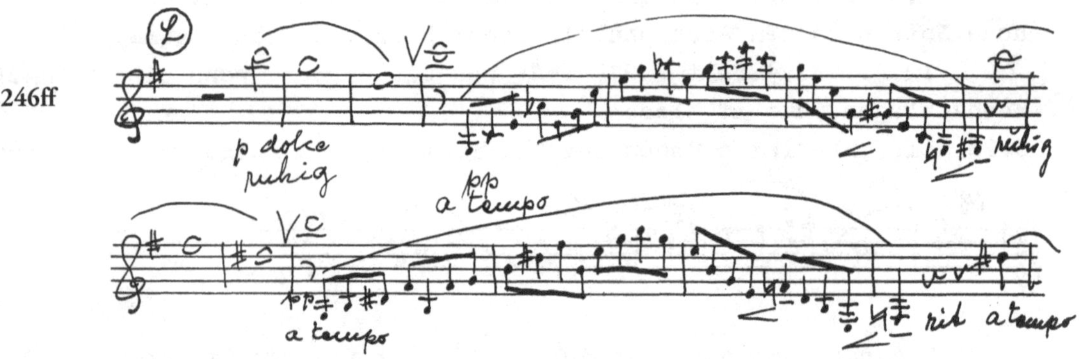

Für die Reprise gilt das Gleiche wie im Hauptsatz.

380ff Seite 46 sind die Auftakte sehr stark zu akzentuieren.
388 Ab zweiten Takt S.47 steigert man zum *ff* hin mit einem star-
394 ken Crescendo auch das Tempo. Wenn man dieses bei (Q) Seite 48 wieder abfängt und das Thema nur recht wuchtig bringt, wozu der Auftakt wiederum verhelfen muß, erzielt man eine gute
393 Wirkung. Die Streicher rasen ihre Passage vor (Q) im Tempo hinauf, unbekümmert um den verlängerten Auftakt.

398 Ab 5.Takt nach (Q) wird das Wuchtige und Massive all-
408f mählich flüssiger. Von Seite 50 an geht man mit den Achteln der Geiger in ein zügiges Tempo hinein und hält dies bis zum
439 Schluß. Nur der vorletzte Takt wird mit den 4 Paukenschlägen verbreitert, indem man die 4 Viertel ausschlägt. Der Schluß-Akkord wird ziemlich lange ausgehalten aber ohne Diminuendo.

II. S a t z .

Andante moderato.

Um das Tempo eines Satzes festzustellen, ist es immer gut, wenn man diesen auf die Figuration hin ansieht. Im Zusammenhalten der Figuration mit dem Thema ergibt sich ohne weiteres das richtige Tempo. Hier wird das Thema zuerst durch Triolen und später durch 32 tel umspielt. Demnach muß das Tempo die entsprechende Breite haben, in die sich die Figurationen flüssig einfügen können.

Nebenbei bemerkt, ist das Thema ein schönes Beispiel für die phrygische Tonart. Erst mit dem Einsatz der Klarinetten hören wir ein reines E-Dur, dem man durch eine kleine Verzögerung Reiz und Spannung gibt. Darnach nimmt man gleich das Tempo auf.

8ff

Die Klarinette S.56 I, ab 4.Takt phrasiert laut Bei- 8
spiel. Das "wenig beschleunigt" und "ruhig" darf nicht übertrieben werden, zumal das "ruhig" schon durch den langen Notenwert des dis erreicht wird.

Bei (A) S.57 soll das Thema, das vorher einen lyrischen 15
Charakter hatte, jetzt energischer und markanter vorgetragen
werden, und die Sechzehntel im 2. und 4. Takt "mit Pathos". 16+18
Sehr wichtig ist die Phrasierung des 6. und 7. Taktes nach 20+21
(A) , die aus dem Beispiel zu ersehen ist. Die großen Bogen über den kleinen Bogen besagen, was zusammenzufassen ist und wo die Atempausen zu machen sind.

15ff

21 Der letzte Takt vor dem "a tempo" wird als Ueberleitung vom 4.Achtel ab, dem man ein gutes Tenuto gibt, etwas verzögert.

23 S.58 I, bringen die Holz-Bläser auf das 4.Achtel einen Akkord und auf Sechs den Auftakt zum Thema. Den Akkord trennt man vom Motiv,

25 Die Pizzikato-Stelle S.58 I, 3.Takt, wo die Bläser schweigen, soll "ton- und atemlos" sein. Den Bläser-Akkord, wie vorher, wieder für sich, also gut abgesetzt bringen.Das Pizzikato bringt eine kleine Verbreiterung des Tempos mit sich, um die erwähnte Charakteristik zu erreichen. Mit dem
25 Auftakt des Themas der Bläser im 3.Takt S.58 nimmt man das Tempo wieder auf und zwar nicht zu langsam, sondern flüssig.

30 = Ⓑ ff

Das E-Dur bei (B) lasse man recht klangvoll vortragen, 30
unbeschadet des vorgezeichneten "p", und hebe die Synkopen
der Klarinetten und Fagotte etwas heraus. Die Violinen sind
im 4.Takt recht lebendig und eindringlich im Ausdruck. 33

36ff

Die hier angegebene Betonung der Triolen (S.61) ist echt 36ff
Brahms, darf aber nicht übertrieben werden.

Das Thema der Celli bei (C) recht klangvoll! Einige 41
Nüancierungen (lange Auftakte) ersehe man aus dem Beispiel

45ff

Die I. Violinen ranken sich recht zart und duftig um das Thema. Sie nehmen jeweils den Strich, wie hier angegeben, für diese Phrase.

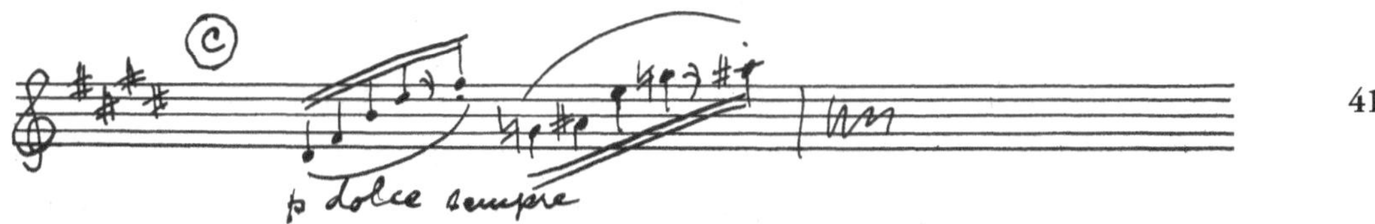

41

S.64 I, 4.Takt begegnen wir wieder einer reizvollen 53
Taktverschiebung. Den verkappten 2/4 Takt drängt man etwas
vorwärts, wogegen der 3/4 Takt wieder die Ruhe bringt.

52ff

57–71 S.64 II., 4.Takt. Von hier ab bis S.67 II, begegnen wir Sechzehntel-Figuren mit jeweils zwei gebundenen Sechzehnteln. Das zweite Sechzehntel des Bogens ist stets mit Kurz-Punkt zu denken, also kurz, so daß zwischen jedem Bogen abgesetzt und nicht hinübergebunden wird. Es darf legato-Eindruck entstehen.

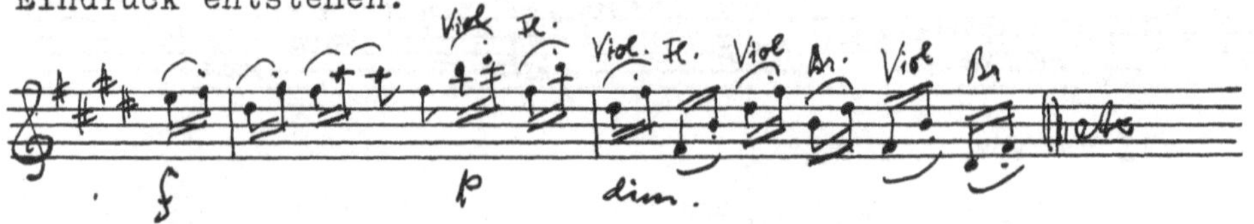

64 = Ⓓ ff Das Thema der Bratschen wird nur von zwei Spielern sehr zart als Solo gespielt.

65+67 Den Bläser-Akkord auf das 4.Achtel im 2. und 4.Takt nach Ⓓ hält man etwas an, daß das Crescendo und Diminuendo sich enfalten kann. Der Auftakt ist dann jeweils wieder im

70+71 Tempo zu nehmen. Der 7. und 8.Takt nach Ⓓ wird wie früher gestaltet:

72 S.67 II, 3.Takt. Hier beachte man, daß das Fagott nicht zu stark hervortritt. Das I.Horn ist Melodie-führend.

74ff S.68 und folgende. Das Thema wie früher energisch und markant in zügigem Tempo.

83 Die zwei Schläge vor den Triolen energisch und kurz. Von den Triolen wird, wie früher, immer die mittlere Note betont.

87ff

In dieser Episode kommt es darauf an, sie so klangvoll wie möglich zu bringen. Die Bässe bringen im 2. und 4.Takt die Nachahmung mit dem bezeichneten Crescendo. Im Uebrigen wird analog der früheren Stelle C phrasiert.

88+90

41

S.73 II. Mit diesem Crescendo-Takt steigert man das Tempo, um das im 2.Takt synkopierte Thema recht zügig zu bringen. Pauken und Hörner reißen das 2. und 5. Achtel stark ab.

97

98

98ff

S.74. Im Takt vor (F) nehmen Celli und Bässe ab. Der Auftakt ist dann lang und kommt nach kurzer Pause. Es wird also vor dem Auftakt abgesetzt.

101

106ff

In obigem Beispiel ist eigentlich nichts zu sagen. Aus der Bezeichnung ergibt sich alles.

S.76 3.Takt und folgende, crescendieren Celli und Bratschen jeweils das herübergebundene Sechzehntel.

113ff

114 Im 4.Takt S.76 kann man vom Contra-C ab die Bässe durch Contrafagott bis zum Schluß verstärken. Der hier beabsichtigte Orgelklang kommt dadurch gut heraus.

116 Im drittletzten Takt darf das Horn nicht zu stark crescendieren, um die Klarinetten nicht zu übertönen.

III. Satz.

Allegro giocoto

Das Thema, auch wenn es in der Umkehrung erscheint, sei stets präzise folgendermaßen phrasiert:

und:

Die Bezeichnung ist in diesem Satz von Brahms schon so eindeutig getätigt, daß kaum etwas hinzuzusetzen ist. In der Auffassung liegt ja auch gar kein Problem vor. Vielleicht mag aber dies zur Anregung dienen, daß Brahms zu diesem Satz sich durch das bekannte Relief Thorwaldsen "Der Alexanderzug" inspirieren ließ.

34 S.82 crescendiert man den ersten Takt sehr stark zum *ff*.

44 Bei (B) geht man etwas vorwärts mit dem Tempo, damit diese Episode leichter im Charakter wird wie vorher, wo fest

76ff und massiv musiziert wurde. S.85 II.

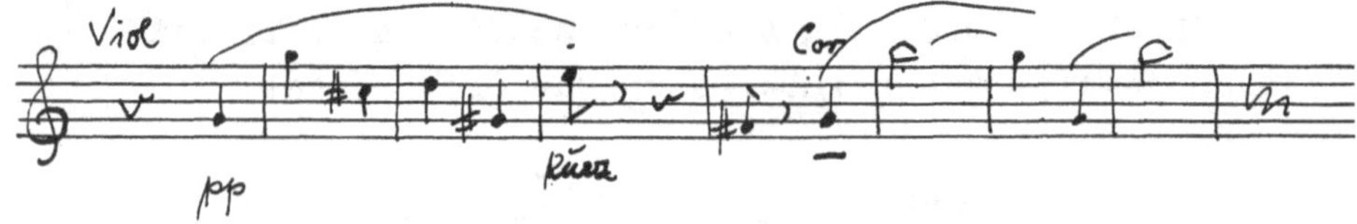

Man beachte hier die in Achtel verwandelten Viertel und den langen Auftakt des Horns!

S.91 II, 3.Takt. 155

Das "Poco meno presto" bereitet man mit dem Fagott- 174ff
Gang vor.

S.94 beachte man, daß die Streicher-Episode beim zweiten Mal 193ff
"piu p" und ohne Crescendo und ohne Ausdruck vorgetragen wird.

S.94 7.Takt. 193

Bei (G) analog (B) vorwärts im Tempo. Die Akkorde 6 237= (G)
Takte vor (H) nehmen die Streicher alle im Herunterstrich 282 = (H)
und beschleunigen das Tempo, daß der Charakter von (H) ab unruhig, huschend und ängstlich wird. Das Tempo bleibt frisch und zügig bis zum Schluß.

S.112. Den 4.Takt crescendiert man nochmals trotz des 332
schon erreichten *ff*, und reißt auf Eins gut ab im 5.Takt.

Den Thema-Einsatz der Hörner und Trompeten bei (K) recht 337
frisch und markant. Damit dieser Einsatz wie unvermittelt
klingt, läßt man vorher (3 Takte vor (K)) schwächer blasen. 334
Die Schluß-Akkorde ohne Verzögerung im Tempo!

IV. S a t z .

Allegro energico e passionato.

Dieser Satz mit seiner großartigen Variationen-Kunst steht in der sinfonischen Literatur einzig da. Ohne Ueberleitungen reihen sich auf ein acht-taktiges Thema Variation an Variation:

1–8 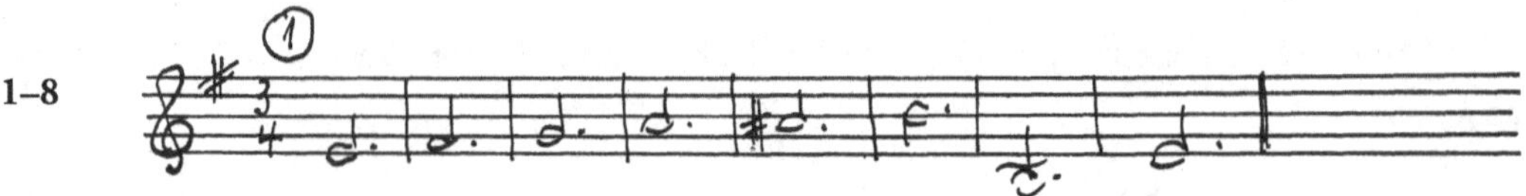

(Zum leichteren Verfolgen der Besprechung hier dürfte es ratsam sein, sich die verschiedenen Gestaltungen des Themas zu numerieren und dabei das Thema in der Exposition am Anfang gleich mit der Nummer 1 zu versehen als erste Gestalt.)

1–8 Die Instrumentation der Grundgestalt (1) bedarf einiger Aufmerksamkeit. Es ist notwendig, hier in den Klangverhältnissen gut zu disponieren, um das Thema deutlich zu hören. Die melodietragenden Instrumente sind in der Oberstimme nur 2 Flöten und 1 Oboe. Als Verstärkung in der Mittelstimme bläst die 1.Posaune das Thema eine Oktave tiefer mit, aber nur 6 Takte lang bis zum h. Im 7. und 8.Takt springt das Thema auf das I. und II.Horn über. Ferner ist das Thema noch in den E-Hörnern verkappt, im ersten Takt im II.Horn e, dann im I. und II.Horn fis, dann im I.Horn g-a. Das ais und h finden wir dann im IV. und III. und IV.Horn, auch in I.Klarinette. Man muß diese erste Gestalt des Themas gut abtönen und vor allen Dingen die thematischen Töne deutlich hören lassen.

Dynamisch ist zu bemerken, daß das *f* nicht zu stark sein
129 darf, um die Wirkung des *ff* in der Reprise S.131 nicht vor-
9–16 weg zu nehmen. In (2) blasen die Posaunen nur mf und gehen zurück bis ins p.
Die Hörner gut markiert.

Die Pizzikato-Akkorde nicht arpeggiert, sondern zusammen, also geschlagen.

Um das Thema zu verdeutlichen, kann man in den I.Violinen die untere Note weglassen und lediglich das Thema zupfen lassen.

In ③ die Pauke im letzten Takt marcato, ebenso den 17–24
Auftakt zu ④ in den übrigen Instrumenten. 25 = ④

④ Die I.Posaune hat das Thema mit. Sie bläst etwas stärker 25–32
als die anderen. Auf das Thematische braucht im Folgenden nicht mehr hingewiesen werden, da dessen Beachtung eine Selbstverständlichkeit ist.

⑤ Die Bässe, Celli, Fagotte läßt man die halbe Note stets 33–40
crescendieren.
Die I.Violinen spielen "ben marcato e largamente", also alle Töne gut gehalten.

⑥ Die hohen Noten der Flöte, Oboen und Fagotte sind mit 41–48
tenuto-Zeichen zu denken, ebenso der Violinen und Bratschen
im 6. und 7.Takt. 46+47

⑧ Die Rhythmik dieser Gestalt kann nicht präzis genug sein! 57–64

⑨ Die Sechzehntel der Geigen recht marcato. Im 2. und 4. 65–72;
Takt die sf gut hören lassen. Das allgemeine Diminuendo 66+68
geht bis ins pp.

⑩ Hier ist die Gefahr des Eilens gegeben. Also ist streng- 73–80
ster Rhythmus zu beachten!
Die Bläser setzen nach den Bindebogen jeweils ab, trennen also gut.

⑪ Das Crescendo nicht stark. Das Diminuendo aber bis ins 81–88
ppp. Es ist darauf zu achten, daß präzise zusammen auf-
gehört wird. Den letzten Takt vor ⑫ quasi als Fermate 88
aushalten oder stark ritardieren.

⑫ Die I.Klarinette tritt hier stark hervor. Die Streicher 89–96
I. und II.Geigen spielen hier das weicheste Portamento und nehmen die nachschlagenden Achtel nicht zu kurz. Ohne jegliches Ritardando geht es in den 3/2 Takt hinüber, aber mit deutlichem Diminuendo.

⑬ In dieser Variation lasse man den Flöten freien Vortrag. 97–104
Die Bezeichnung Brahms' bedarf keiner Ergänzung. Man dirigiert 6/4 ♩=♩ vorher. Eventuell läßt man nur <u>ein</u> Horn blasen, wenn der Ton zu stark sein würde mit zwei Hörnern. Im letzten Takt retardiert man ein wenig.

105–112 (14) Man kann sich die hohen Noten der Klarinette, Oboe und Flöte mit einem tenuto-Zeichen denken. Brahms drückt dies hier mit <> aus. Die Dynamik für Cello und Bratsche
106 im 2.Takt gilt auch in den folgenden Takten, ebenso für
110 die Geigen ab 6.Takt.

113–120 (15) Bei dieser Sarabanden-artigen Gestalt ist wichtig, daß die zweite Halbe gut und lang genug gehalten wird. Zusammen-Aufhören beachten! Den Viertel-Auftakt mit der nötigen Breite!

119 Den ppp Auftakt im vorletzten Takt nimmt man recht breit, verweilt dann auf der Eins etwas und geht dann mit dem Horneinsatz ins ursprüngliche Tempo hinein.

121–128 (16) Die Bläser wie vorher mit entsprechender Betonung der Vorhalte.

Die Figur der Bratschen und Celli ist mit tenuto-Zeichen jeweils auf dem ersten Achtel zu denken. Die Figur wird stets diminuiert.

128 Im letzten Takt ist zu beachten, daß die Instrumente verschieden aufhören. Die Fermate der Flöte nur kurz, während die Streicher bis ins fast unhörbare ppp aushalten.

129–136 (17) Nun als Gegensatz zum ppp und der ersten Gestalt des Themas ein kräftiges markantes Forte! Die Streicher nehmen ganze Bogen für ihre *fff* absteigende Scala. Das
136 Tempo ist schneller als anfangs. Auf dem *f* z-Takt vor (18) verweilt man, um das Diminuendo bis zum p bewirken zu können.

137–144; 145–152 (18) Das Tempo bleibt flüssig, auch in (19) .

153–160 (20) Alles spielt ein energisches markiertes Staccato. Posaunen nicht zu stark.

161–168 (21) Ebenso

169–176 (22) Das Tempo etwas breiter. Die Posaunen dröhnend und gut gehalten. Accorde kurz und energisch.

177–184 (23) Scherzando!

185–192 (24) Thema im Horn gut hören lassen!

Die Geiger beginnen mit Aufstrich, um das sf auf Herunter-
192 strich zu bekommen. Vor (25) macht man einen deutlichen Einschnitt quasi eine Fermate auf die Pause.

(25) Hörner und Trompeten marcatissimo und gut gehalten. Die Holzbläser schlagen mit 2 Achteln auf Zwei nach, die Streicher mit einer Triole. Es ist nun kein Wert darauf zu legen, daß dies genau den Notenwerten entsprechend gebracht wird: 2 zu 3. Vielmehr ist wichtig, dem mächtigen Hörner- und Trompeten E auf Eins, eine noch mächtigere Klangfülle auf Zwei entgegenzustellen. Also muß das erste Achtel der Streicher und Bläser stark akzentuiert werden, wobei die Holzbläser ihre beiden Achtel im Takt bringen, die Streicher aber ihre Triole so behandeln, als wären es Sechzehntel. Somit fallen Holz-Bläser und Streicher zusammen. Die Posaunen blasen nur *f* . 193–200

Man tut gut, hier nur Eins und Zwei zu taktieren, um auch optisch charakteristisch zu sein für diese Gestaltung. Im letzten Takt gibt man wieder drei präzise Schläge. 200

(26) Für die auf Zwei nachschlagenden Instrumente (Flöten, Klarinetten, Hörner, Trompeten, Posaunen, Pauke) gilt das Gleiche wie vorher. Die Triolen sind wie Sechzehntel zu behandeln. 201–208

(27) Fließendes Tempo. 209–216

(30) Hier haben wir einen verkappten 2/4 Takt. Es ist entsprechend zu betonen. 233–240

Im 5.Takt spielen die Streicher molto espressivo und crescendo. 237

(31) Bässe und kanonische Nachahmungen recht wuchtig. Nachschlagende Bläser sehr kurz. 241–248

Piu Allegro: Brahms emanzipiert sich in der Coda vom 8 taktigen Thema. Man beachte, daß die Akkorde der Streicher im 2. und 4.Takt, und des ganzen Orchesters im 6. und 8.Takt sehr kurz gebracht werden. Die Chromatik ab letztem Takt S.149 soll deutlich gehört werden. Die entsprechenden Instrumente müssen also hervortreten. 253 263

273 = Ⓜ; 281ff Ⓜ Die Akkorde sehr kurz und energisch. S.152.

281ff 

Alle Instrumente haben auf Zwei das tenuto-Zeichen. Ueber den weiteren Verlauf bis zum Schluß ist nichts Bemerkenswertes zu sagen. Er ergibt sich von selbst.

Dieses Meisterwerk der Variationen-Kunst darf den sinfonischen Zug nicht verlieren durch allzu penible Kleinarbeit und detaillierte Darstellung. Dabei muß aber doch das Charakteristische einer jeden Gestaltung gut herauskommen. Dieser Satz bedarf eines gründlichen und langen Studiums, um seiner ganz gerecht werden zu können.

An diesem Satz und der ganzen Sinfonie überhaupt ist evident, wie Brahms nun das Orchester souverän beherrscht. Das drückt sich auch in der Bezeichnung der Partitur aus, die hier kaum ergänzt zu werden braucht.

Variationen über ein Thema von Josef Haydn.

Thema: Chorale St.Antoni.

Das Tempo "Andante" ist vielleicht am besten damit
charakterisiert, daß man sich einen gemächlichen Prozessions-
Schritt denkt. (Andante = gehend). Das Thema wird schlicht
und einfach dargestellt. Die drei Sechzehntel zum hin auf 5; „zum forte hin“
Seite 4 sind ohne Crescendo. Damit das pp auf S.5 gut heraus- 15
kommt, läßt man das p nach dem Doppelstrich S.4 nicht zu 11
schwach blasen. Vor dem pp ist eine kleine Luftpause angebracht. Diese soll aber nur durch Verkürzung der Viertelnote
erzielt werden und nicht durch Aufhalten des Tempos. Die
halben Noten der Hörner und Trompeten auf Seite 6 imitieren 23–26
Glocken.

Variation I. Hier haben wir es mit doppeltem Contrapunkt in der Oktave zu tun, also mit dem Vertauschen von Ober- und Unterstimme. Die Triolen-Passage, deren erstes Achtel eine Pause ist, denke man sich stets mit Tenuto-Zeichen auf dem 2. Achtel der Triole. Nach dem Doppelstrich markieren Hörner und Trompeten im *f*, ebenso wie früher, glockenartig. Die I. Violinen binden wie die II.
Die Triolen ab 1.Takt S.9 mit tenuto des 1.Achtels. 44

Variation II. Die Sechzehntel sollen hier möglichst kurz und flüchtig sein, so daß das Hauptgewicht auf der punktierten Achtel liegt. Dieses wird also markiert.

76 Das Contrafagott S.13 4.Takt kann wegbleiben, wenn es klanglich die piano-Stelle zu sehr stört. Im *f* bläst es wieder.

Variation III. Das Tempo ergibt sich aus der Sechzehntel-
98 Bewegung bei (A) . Die Bläser machen auf S.16 das Crescendo
102+103 der Streicher im ersten und zweiten Takt mit.
108+109 Die beiden Takte bei (B) gestaltet man frei, indem man Horn und Klarinette etwas Zeit läßt, ihr Motiv recht ausdrucks-
110+111 voll zu blasen. Die Wiederholung im 3. und 4.Takt ist ohne Crescendo! Die Violinen und Bratschen werden im vorletzten
114 Takt S.17 etwas breiter und halten das e recht gut quasi tenuto.
116ff; 120, 122 S.18 wieder a tempo und im 5.Takt dem F-Horn und im 7.Takt
130+131 der Klarinette etwas Zeit lassen. 3. und 4.Takt nach (C) ohne Crescendo der Bratschen und Celli.
134 S.20 ritardiert man ein wenig vor Einsatz des Themas, ebenso
144 am Schluße der Variation.

Variation IV. ist doppelter Contrapunkt in der Duodezime. Das Thema ist, wie folgt, gegliedert:

166 = (E) Bei (E) erscheint ein kleiner Kanon contrario. Vor (F) wird
186 = (F) nicht ritardiert.
Das Thema bei (E) gliedert sich jetzt anders:

Variation V.

Bei sehr großem Streichkörper läßt man höchstens je 3-4 Pulte spielen, um das Kammermusik-mäßige gut herauszubringen.
238ff S.31 II, kann man I. und II. Horn wechseln lassen. Im Uebrigen versteht sich dieser Satz von selbst. Tempo sehr lebhaft.

Variation VI. Hier sind die Akzente wichtig. Es muß "bruddelig" klingen. Durch die Betonung der Achtel-Note wird dies erreicht.
Vom 4. zum 5.Takt S.40 ein starkes Crescendo, ebenso vom 286–287
1. zum 2.Takt S.41. 288–289
S.41 3.und 4.Takt. Während Flöten, Oboen, Klarinetten und 290+291
Hörnern 1.und 5. Sechzehntel betonen, markieren Streicher
und Piccolo s.und 7.Sechzehntel. 6. und 7.

Variation VII. Für dieses "Grazioso" nehmen die Streicher
wohl großen Bogen, aber mit viel "Luft." Die Tonleiter S.43  306ff
wird stark crescendiert und zum höchsten C hin verbreitert.
Um möglichst großen Ton zu erreichen, gelten folgende Bogenstriche

Ab 4.Takt S.43 schlägt man Achtel vom 4. Achtel ab. 308
Auf dem G der Klarinette im letzten Takt macht man quasi 321
eine kleine Fermate. Vor der nächsten Variation muß man warten, bis die Streicher die Sordinen aufgesetzt haben.

Variation VIII. ist doppelter Contrapunkt in der Duodezime und Gegenbewegung.
Das Presto non troppo wird erreicht, wenn man das 3.Viertel im Taktieren etwas andeutet. Dadurch werden auch Gelüste zum Eilen unterbunden.

Finale. Außer dem Thema sind alle Stimmen legato. Nachahmungen sind nicht herauszuheben. Das Thema wird gut getrennt vorgetragen im Gegensatz zum Legato.
Die 5. Variation nach (L) S.53 wird durch einen guten Auf- 381ff
takt der Hörner und Pauken vorbereitet. 380
Für die 6.Variation ist für die entsprechenden Instrumente folgende Nüance angebracht:

 385ff

406 (N) Es spielen alle Bratschen. Die Oboe bläst ruhig.

416ff 12.Variation. S.59. Das Flötensolo mf.

426 (O) Oboe-Thema quasi legato-portamento.

440ff 17.Variation. S.64 im Tempo etwas rascher. Die Streicher spielen mit dieser dynamischen Nüance.

442ff

446 (P) 18.Variation. Das Tempo treibt man 2 Takte lang vor-
448 wärts und geht S.66 ins Haupt-Zeitmaß zurück.
452 S.67 wird man mit Auftakt breit:

465ff Im Ritardando taktiert man S.70 Viertel. Vor dem Schluß-Akkord ist eine kleine Pause wirkungsvoll.

N a c h b e m e r k u n g .

Bei Beendigung dieser Arbeit kommt mir Weber's Brief an den Musikdirektor Präger in Leipzig zu Gesicht. Als Motto meiner Ausführungen könnten Webers Sätze stehen:

"Der Takt (das Tempo) soll nicht ein tyrannisch hemmender oder treibender Mühlenhammer sein, sondern dem Musikstücke das, was der Pulsschlag dem Leben des Menschen ist."

"Es gibt kein langsames Tempo, in dem nicht Stellen vorkämen, die eine raschere Bewegung forderten, um das Gefühl des Schleppenden zu verhindern."

"Es gibt kein Presto, das nicht ebenso im Gegensatze den ruhigen Vortrag mancher Stellen verlangte, um nicht durch Uebereilen die Mittel zum Ausdruck zu benehmen."

B e e n d e t i m J a n u a r 1 9 3 3 .

S t u t t g a r t - W a n g e n .

Zeitfracht Medien GmbH
Ferdinand-Jühlke-Straße 7
99095 Erfurt, Deutschland
produktsicherheit@kolibri360.de